I got it!

Typische Englisch-Fehler sicher vermeiden

Dr. Lutz Walther

compact

Bisher sind in dieser Reihe erschienen:

- ♦ Ho capito! Typische Italienisch-Fehler sicher vermeiden
- ♦ I got it! Typische Englisch-Fehler sicher vermeiden
- ♦ J'ai compris ! Typische Französisch-Fehler sicher vermeiden
- ♦ ¡Ya lo tengo! Typische Spanisch-Fehler sicher vermeiden
- ♦ Ich hab's kapiert! Typische Deutsch-Fehler sicher vermeiden

Baierbrunner Straße 27, 81379 München
Ausgabe 2018

Redaktion: Helga Aichele
Fachkorrektur: Oliver Astley
Produktion: Ute Hausleiter
Illustrationen: Florian Heubach
Gestaltung: seitenwind GmbH – Design und Kommunikation, Regensburg; textum GmbH
Umschlaggestaltung: red.sign GbR, Stuttgart

ISBN 978-3-8174-1931-9
381741931/1

www.compactverlag.de

Inhaltsverzeichnis

Inhalt

I got it! Typische Englisch-Fehler sicher vermeiden

Das Lernen einer Fremdsprache geht mal leichter, mal schwerer voran ... Das ist ganz normal. Wer schafft es schon, immer alle Regeln, Sonderregeln und Ausnahmen im Kopf zu behalten? Dieses Buch hilft Ihnen dabei, Zweifelsfälle und Unsicherheiten in Wortschatz, Grammatik, Aussprache und Rechtschreibung ein für alle Mal abzulegen und so die häufigsten Englisch-Fehler sicher zu vermeiden.

Die übersichtliche Gliederung in die Themengebiete Wortschatz, Grammatik sowie Aussprache und Rechtschreibung macht es Ihnen leicht, sich ganz gezielt die Themen herauszusuchen, die Ihnen noch Schwierigkeiten machen. Auch die Hauptunterschiede zwischen britischem und amerikanischem Englisch finden Sie so auf einen Blick. Die wichtigsten Fehlerquellen werden prägnant dargestellt und die häufigsten Schwierigkeiten in aller Klarheit erläutert. Infokästen und Lerntipps bieten interessantes Zusatzwissen und durch zahlreiche unterhaltsame Illustrationen prägen sich wichtige Regeln bildlich ein.

Am Ende jedes Unterkapitels finden Sie Übungen zum jeweils vorangehenden Thema. Zusätzliche Zwischentests im Anschluss an jeden der drei Themenbereiche bieten weitere Gelegenheit zur Überprüfung des Gelernten. Ob Sie nun die typischen Fehler endlich sicher vermeiden können, sehen Sie beim großen Abschlusstest am Ende des Buches.

Viel Spaß und Erfolg beim Englischlernen!

1. Wortschatz

1.1 *False friends*

Echte *false friends*

Die sogenannten **false friends** sind Wörter, die im Englischen wie im Deutschen ganz ähnlich geschrieben werden, aber eine vollkommen andere Bedeutung haben. Die bekanntesten und am häufigsten verwechselten „falschen Freunde“ sind folgende:

actual = *eigentlich, tatsächlich* ≠ ***aktuell*** = latest, current

The **actual** cost of the software was higher than we expected.
Could you send me the **current** edition of your magazine?

also = *auch, außerdem* ≠ ***also*** = so, well, then

art = *Kunst* ≠ ***Art*** = kind, sort; way

Beamer = *BMW Auto* ≠ ***Beamer*** = (video) projector

to become = *werden, zukommen* ≠ ***bekommen*** = to get, to receive, to have

Zu get siehe auch Kapitel 1.2

Did you **get** the postcard I sent you from Hong Kong?
We **receive** about 500 emails a day.
Is she going to **have** her baby in hospital or at home?

brave = *tapfer* ≠ ***brav*** = well-behaved, good

bright = *hell, intelligent* ≠ ***breit*** = broad, wide

caution = *Vorsicht!* ≠ ***Kaution*** = deposit, bail

The business apartment is £180 a night, and we also require a **deposit** of £50.
The three men who were arrested yesterday afternoon have been released on **bail**.

chef	= *Küchenchef, Koch*	≠ ***Chef(in)***	= boss, chief-...
civil service	= *öffentlicher Dienst*	≠ ***Zivildienst***	= community service
concurrence	= *Übereinstimmung*	≠ ***Konkurrenz***	= competition
critic	= *Kritiker(in), Rezensent(in)*	≠ ***Kritik***	= criticism, review
decent	= *anständig, ordentlich*	≠ ***dezent***	= discreet, gentle

In the hotel lobby you can hear **gentle** music coming from the bar.

dome	= *Kuppelgewölbe*	≠ ***Dom***	= cathedral
eagle	= *Adler*	≠ ***Igel***	= hedgehog
engaged	= *beschäftigt; verlobt; besetzt*	≠ ***engagiert***	= committed, dedicated
eventual(ly)	= *schließlich, letztendlich*	≠ ***eventuell***	= maybe, perhaps
fabric	= *Stoff, Gewebe*	≠ ***Fabrik***	= factory, plant
familiar	= *bekannt, vertraut*	≠ ***familiär***	= informal, domestic
floor	= *Fußboden, Etage*	≠ ***Flur***	= corridor, hall
fly	= *Fliege*	≠ ***Flug***	= flight
genial	= *freundlich, gesellig*	≠ ***genial***	= brilliant, ingenious
gift	= *Geschenk; Talent*	≠ ***Gift***	= poison, toxin

After the explosion there was a cloud of **poison** gas above the city.

glance	= flüchtiger Blick	≠ ***Glanz***	= brightness
gym(nasium)	= Fitnessstudio, Turnhalle	≠ ***Gymnasium***	= secondary school

Wortschatz

False friends

handy	= *handlich, praktisch*	≠ ***Handy***	= mobile (phone)
	I'm not at home but you can reach me on my **mobile**.		
helm	= *Steuerruder*	≠ ***Helm***	= helmet
hose	= *Schlauch*	≠ ***Hose***	= trousers, shorts
hut	= *Hütte*	≠ ***Hut***	= hat
kind	= *Sorte, Art*	≠ ***Kind***	= child
lager	= *Lagerbier*	≠ ***Lager***	= warehouse, storeroom, stock
lecture	= *Vorlesung, Vortrag*	≠ ***Lektüre***	= reading material
map	= *Landkarte*	≠ ***Mappe***	= folder
meaning	= *Bedeutung, Sinn*	≠ ***Meinung***	= opinion, mind
mist	= *Nebel, Dunst*	≠ ***Mist(!)***	= dung; Blast!
murder	= *Mord*	≠ ***Mörder***	= murderer, killer
	A **murderer** is someone who commits a **murder**.		
newly	= *neu*	≠ ***neulich***	= recently, lately, the other day
	Jim is a product manager in our **newly** established London office. **The other day** I met my old friend Sally. I hadn't seen her for years.		
old-timer	= *Senior(in)*	≠ ***Oldtimer***	= vintage car, classic car
ordinary	= *gewöhnlich, normal*	≠ ***ordinär***	= vulgar
outlandish	= *seltsam, absonderlich*	≠ ***ausländisch***	= foreign
photograph	= *Foto(grafie)*	≠ ***Fotograf(in)***	= photographer
	This **photograph** of Edinburgh Castle was taken by a well-known Scottish **photographer**.		

Zu Adjektiven und Adverbien siehe Kapitel 2.3

physician	= *Arzt/Ärztin*	≠ ***Physiker(in)***	= physicist

My father has a degree in physics – he's a **physicist**.
My mother went to medical school and became a **physician**.

plump	= *mollig*	≠ ***plump***	= clumsy, ungainly
pregnant	= *schwanger*	≠ ***prägnant***	= concise, catchy
public viewing	= *Leichenaufbahrung*	≠ ***Public Viewing***	= public screening
puppy	= *Welpe*	≠ ***Puppe***	= doll
receipt	= *Quittung, Beleg*	≠ ***Rezept***	= recipe, prescription

Could you give me the **recipe** for your carrot cake?
They won't take it back unless you've got the **receipt**.

rent	= *Miete, Pacht*	≠ ***Rente***	= pension
rentable	= *mietbar, vermietbar*	≠ ***rentabel***	= profitable, lucrative
Roman	= *Römer, römisch* ≠ ***Roman*** = novel		

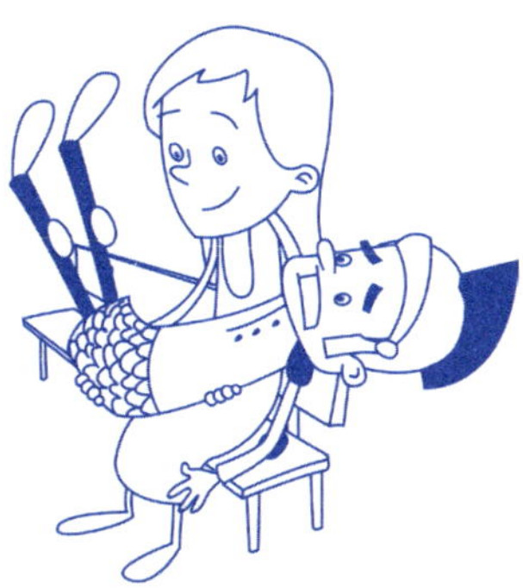

sensible	= *vernünftig*	≠ ***sensibel***	= sensitive

He's never been a very **sensitive** person.
Be **sensible**! Don't waste your money on unnecessary things.

smoking	= *Rauchen*	≠ ***Smoking***	= dinner jacket
to spare	= *verschonen; erübrigen*	≠ ***sparen***	= to save
to spend	= *verbringen; ausgeben*	≠ ***spenden***	= to donate

They **donated** thousands of pounds to a charitable organisation.
He **spends** most of his money on computer games.

stadium	= *Stadion*	≠ ***Stadium***	= phase
to swear	= *schwören, fluchen*	≠ ***schwer***	= heavy; difficult
sympathetic	= *mitfühlend*	≠ ***sympathisch***	= nice, likeable, pleasant
undertaker	= *Leichenbestatter*	≠ ***Unternehmer***	= entrepreneur

Although he studied psychology, he became an **entrepreneur** later in life.

wand	= *Zauberstab*	≠ ***Wand***	= wall
warehouse	= *Lagerhalle, Depot*	≠ ***Warenhaus***	= department store
to wink	= *zwinkern, blinzeln*	≠ ***winken***	= to wave

When the children **waved** at us, we **waved** back.

to wish	= *wünschen*	≠ ***wischen***	= to wipe

Halb-echte *false friends*

Unter **halb-echten false friends** versteht man englische Wörter, deren direkte deutsche Entsprechung nur teilweise zutrifft. Lernen Sie die verschiedenen Vokabeln am besten in ihrem sprachlichen Umfeld und stellen Sie sie sich dabei visuell vor.

bank = *Bank (Finanzinstitut)*
→ *Sitzbank, Reservebank* = bench
→ *Kirchenbank* = pew

to cook = *kochen (allgem.)*
→ *sieden (bei 100 Grad)* = to boil
→ *eine Mahlzeit kochen* = to make

false = *falsch, unwahr, unaufrichtig*
→ *unrichtig, verkehrt* = wrong

fantasy = *Fantasie(vorstellung)*
→ *Einbildungskraft, Vorstellungskraft* = imagination

fault = *Fehler (Irrtum, Vergehen)*
I'm sorry, it was my **fault** that you didn't get an invitation.
→ *Missverständnis, Versehen, Schreibfehler* = mistake
Most people don't learn from their **mistakes**.
I'm afraid there's a **mistake** on our bill.
→ *Formfehler, Irrtum, Fehltritt* = error
The judge committed a grave **error** when he sentenced him to death.
→ *Makel, Mangel, Defekt* = flaw
There's a serious **flaw** in the computer program.

Wortschatz

False friends

flesh	= *Fleisch (Körpergewebe; Fruchtfleisch)*
	The **flesh** on his arm was severely burned.
	→ *Fleisch (Nahrungsmittel)* = **meat**
	Do you prefer red or white **meat**?
foul	= *faul (verdorben, widerlich)*
	→ *untätig, träge* = **lazy**
to hear	= *hören (mit dem Gehör wahrnehmen)*
	→ *zuhören* = **to listen**
isolated	= *isoliert (vereinzelt; einsam)*
	→ *gedämmt (z. B. Haus)* = **insulated**
landscape	= *Landschaft*
	She has a university degree in **landscape** architecture.
	→ *ländliche Gegend* = **countryside**
	→ *Natur (natürliche Landschaft)* = **nature**
	I love living in the **countryside**, surrounded by **nature**.
	→ *schöne Landschaft, Bühnenbild* = **scenery**
	The **scenery** in the Scottish Highlands is breathtaking.
last	= *letzte(r, s) (Reihenfolge)*
	→ *neueste(r, s)* = **latest**
lust	= *Lust (Gier, sinnliche Begierde)*
	→ *Wunsch, Verlangen, Begehren* = **desire**
	→ *heftiges Verlangen, Sehnsucht* = **craving, longing**
loud	= *laut (allgem.)*
	→ *geräuschvoll, lärmend* = **noisy**

next = *nächste(r, s) (Reihenfolge)*
→ *räumlich nächste(r, s)* = **nearest**

note = *Note (Musik, Fußnote, Notiz)*
→ *Schulnote* = **mark, grade**
→ *Geldschein* = **(bank)note**

Lerntipp

Setzen Sie sich realistische Lernziele und versuchen Sie sie einzuhalten.

place = *Platz (Standort, Rang)*
→ *freier Platz, Ausdehnung* = **space**
→ *Sitzplatz* = **seat**

sea = *die See (Meer, Ozean)*
→ *Binnensee* = **lake**

shadow = *Schatten (schemenhafter Umriss)*
The tree grew quite well in the **shadow** of a big building.
→ *schattige Stelle, Schattierung* = **shade**
The temperature is always measured in the **shade**.
This is a beautiful **shade** of blue.

sharp = *scharf, schneidend*
→ *würzig, pikant* = **spicy**
→ *scharf gewürzt* = **hot**

side = *Seite (allgem.)*
→ *Buchseite* = **page**

technique = *Technik (Verfahren, Methode)*
→ *Technologie* = **technology**

1 Übersetzen Sie den deutschen Begriff!

1. Do I need a Rezept .... for these pills?

2. It's 38 degrees in the Schatten ....

3. Just put the spaghetti in plenty of kochendes .... water.

4. Heather is a very sensibel .... woman.

5. A critic for *The Times* wrote a positive Kritik .... about her new play.

6. My son is so darn faul .... He never does what he's told.

2 Unterstreichen Sie die richtige Variante!

1. The Shakespeare quotation is on side / page 45 of the book.

2. We need a projector / beamer and the usual conference equipment.

3. What's the largest lake / sea in England?

4. The prisoner was released on caution / bail last night.

5. The curry I had in Sri Lanka was really sharp / hot .

6. I don't eat flesh / meat – I'm a vegetarian.

3 Korrigieren Sie den durchgestrichenen Begriff!

1. Your house is so cold because it's badly ~~isolated~~ ....

2. Harrod's is London's most famous ~~warehouse~~ ....

3. Leroy is a very good ~~photograph~~ ....

4. Could you give me the ~~actual~~ .... edition of *The Economist*, please?

4 Übersetzen Sie die deutschen Begriffe! Das Lösungswort verspricht ein wohlschmeckendes Gericht.

1. Mappe
2. dezent
3. Oldtimer (2 Wörter)
4. ausländisch
5. Handy (2 Wörter)
6. spenden

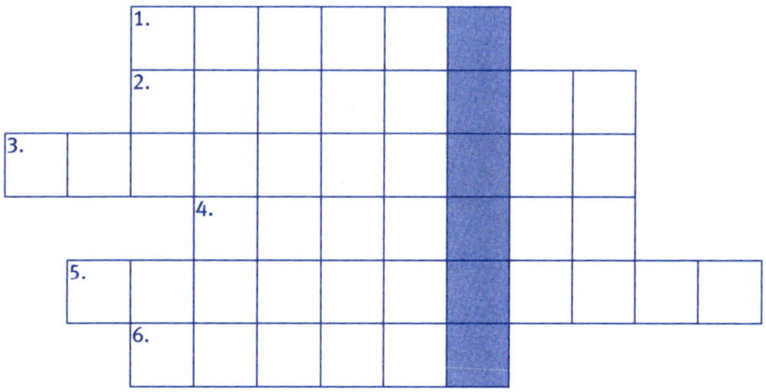

Wussten Sie schon?

Shakespeare hat die englische Sprache stark beeinflusst, viele seiner Ausdrücke sind noch heute im alltäglichen Gebrauch: z. B. "a sorry sight" (ein trauriger Anblick).

1.2 Häufig verwechselte Wörter

Hat ein deutsches Wort zwei oder mehrere englische Übersetzungen, werden diese häufig verwechselt. Einige dieser Begriffe haben fast dieselbe Bedeutung, werden aber mit unterschiedlichen Bezugswörtern oder Zusammenhängen verwendet.

Freund	friend: Freund, Kumpel *This is my old **friend** Matt, and this is my **boyfriend** George.*	boy-/girlfriend: feste(r) Freund(in), Partner(in)	
Straße	street: im Ort *to walk down the **street***	road: Verkehrsweg allgemein *Is this the **road** to York?*	
wie	as: bei Vergleichen mit ***same as,*** ***as … as** (so wie)* *the same age **as** me* ***as** fast **as** that car*	like: vor Substantiven und Pronomen *He looks **like** his father.*	
bis	until: Dauer, auch in verneinten Sätzen *I'll stay in London **until** Friday.* *He won't be back **until** Monday.*	by: bis spätestens, auch in Fragen *You must hand in the paper **by** Friday.* *Will the CD be available **by** December?*	to: bei Uhrzeiten und Zeiträumen (von … bis) *from Monday **to** Friday* *How long is it **to** lunch?*
seit	since: Zeit**punkt**, zu dem etw. angefangen hat *They've been married **since** last Friday.*	for: Zeit**dauer**, die etw. anhält *He's been playing golf **for** over twenty years now.*	

Die Verwendung in Verbindung mit dem **Present Perfect** wird in Kapitel 2.1. genauer erklärt.

Wussten Sie schon?

great großartig, eindrucksvoll:
*Peter the **Great** / a **great** singer*

groß	**big**: für Objekte und Menschen *a **big** man,* *a **big** mistake*	**large**: etw. förmlicher *a **large** house,* *a **large** sum of money*	**tall**: Höhe, Körpergröße *a **tall** building,* *Stan is 6 feet **tall**.*
klein	**small**: für Objekte und Menschen a **small** girl = *ein kleines Mädchen*	**little**: verniedlichend, mitleidig, kleiner/jünger als andere a **little** girl = *ein (niedliches) kleines Mädchen*	**short**: kurz (Länge, Höhe) *Susan is **shorter** than Stan.*
schwer	**heavy**: Gewicht, schwierig, stark *a **heavy** suitcase,* ***heavy** breathing,* ***heavy** rain*	**difficult**: schwierig, kompliziert *it's **difficult** to find a job,* *a **difficult** test*	**hard**: hart, kompliziert (weniger formell) *it's **hard** to believe,* *a **hard**-working person*
bringen	**to bring**: **mit**bringen (zum Sprecher hin) *Don't forget to **bring** your books.*	**to take**: **weg**bringen (vom Sprecher weg) *I can **take** you to the airport tomorrow.*	**to get**: (ab)holen *Could you **get/bring** me some orange juice, please?*
erheben	**to rise (rose, risen)**: hochgehen, (an)steigen (ohne Objekt) *The sun **rises** in the east.* *The price **has risen**.*	**to raise (raised, raised)**: (an)heben (mit Objekt) *He **raised** his hand.* *They **have raised** the price.*	

Weitere unregelmäßige Verben finden Sie in Kapitel 2.2.

Wortschatz

Häufig verwechselte Wörter

Zu reflexiven Verben vgl. Kapitel 2.2.

erinnern	to remember (sth.): sich (an etw.) erinnern	to remind sb. (of sth.) jdn. (an etw.) erinnern	
	***Remember** to **remind** the kids about granny's birthday party!*		
leihen	to borrow: **ent**leihen (=nehmen) *Could I **borrow** your car tomorrow?*	to lend: **ver**leihen (=geben) *Could you **lend** me your bicycle today?*	
fahren	to drive: selbst steuern *to **drive** a car/bus*	to go: fahren allgemein, passiv mitfahren *to **go** by car/plane* *I'm **going** to Rome next week.*	to ride: rittlings sitzen auf, öffentliche Verkehrsmittel *to **ride** a (motor)bike* *to **ride** (in/on) the bus*
gehen	to go: gehen, Fortbewegung allgemein *to **go** by car/plane* *Let's **go** home.*	to walk: zu Fuß gehen *I used to **walk** to school every morning.*	to work: funktionieren *My phone's not **working**.*
passen	to fit: von Form oder Größe her passen *This shirt doesn't **fit** me, it's too tight.*	to match: farblich, gut zusammenpassen *This shirt doesn't **match** her blue eyes.*	to suit: jdm. stehen, sich eignen *I don't think this shirt **suits** you.*
lassen	to let: gehenlassen überlassen, erlauben ***Let's** go!* *to **let** sb. in*	to stop: ablassen, aufhören ***Stop** it!* *She can't **stop** crying.*	to leave: zurücklassen ***Leave** me alone!* *to **leave** sth. unsaid*
dauern	to last: (an)dauern eines Ereignisses *The film **lasted** over two hours.* *His anger won't **last**.*	to take: andauern einer Tätigkeit, brauchen *It **took** me two hours to get here.*	

sehen	to see: sehen allgemein, wahrnehmen *I **saw** Sandra in town.*	to look (at): aussehen, ansehen *He **looked** like a girl.* *Don't **look at** me like that.*	to watch: zusehen, beobachten *to **watch** a film/TV* *I **watched** him go inside.*
hören	to hear: hören allgemein *I can't **hear** you, the music is too loud.*	to listen: zuhören *He never **listens** to what I say.* *to **listen** to music*	
sagen	to say: sagen, sprechen (hat nie eine Person als Objekt, oft vor *that*) *He **says** that he's ill.* *He didn't **say** anything.*	to tell: erzählen, befehlen (meist mit Person als Objekt, oft mit 2 Objekten) *He **told me** the story.* *He **told me** to go home.* *to **tell** the truth/a lie*	
tragen	to carry: Dinge *to **carry** a suitcase/ a child*	to wear: Kleidung *to **wear** a black skirt/ glasses*	to bear: etw. ertragen *I just can't **bear** his lies any more.*
machen	to do: für konkrete Tätigkeiten *to **do** business with sb.* *to **do** the dishes* *to **do** one's homework* *to **do** an internship* *to **do** the shopping* *to **do** sport*	to make: herstellen, schaffen, verursachen (auch abstrakt) *to **make** breakfast* *to **make** sb. angry* *to **make** a decision* *to **make** an effort* *to **make** an excuse* *to **make** an appointment*	to take: (teil)nehmen *to **take** a course/class* *to **take** an exam* *to **take** prisoners* *to **take** a photo/picture* *to **take** a rest* *to **take** a trip/walk* ***Take** care!*

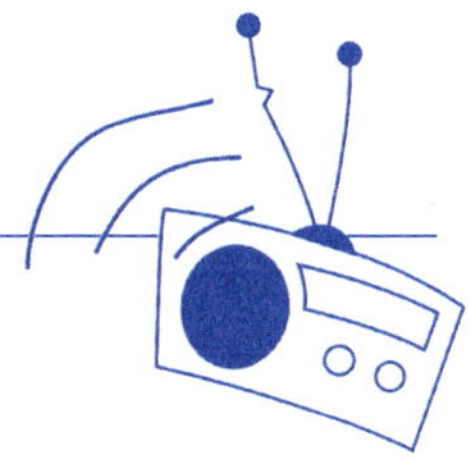

Zum Verwechseln ähnlich

Auch bei sehr ähnlich geschriebenen Wörtern passieren schnell Fehler. Schauen Sie deshalb immer genau hin und prägen Sie sich die häufigsten Fehlerquellen ein:

admission	*Eintritt(sgeld); Eingeständnis*
admittance	*Einlass(erlaubnis)*
Admission to Winsor Castle is £17.75.	
to gain **admittance** to sth.	
to afford	*sich leisten*
effort	*Aufwand, Bemühung*
analogous	*entsprechend, ähnlich*
analogue	*nicht digital*
to assure	*versichern, beteuern*
to ensure	*gewährleisten, sicherstellen*
at last	*endlich, schließlich*
at least	*mindestens*
beside	*neben*
besides	*außerdem*
to choose [tʃuːz]	*(aus)wählen*
chose [tʃəʊz]	Simple Past von *to choose*

Wussten Sie schon?

Die Hauptstadt eines Landes bezeichnet man als **capital**. In Washington, DC, steht das **Capitol**, der der Sitz des amerikanischen Parlaments. Die Aussprache beider Wörter ist gleich: [ˈkæpɪtəl].

colleague ['kɒliːg]	*Kollege/Kollegin*
college ['kɒlɪdʒ]	*Hochschule*
complementary	*ergänzend*
complimentary	*gratis; höflich*
comprehensible	*verständlich*
comprehensive	*umfassend*
dissatisfied	*unzufrieden (Ärger)*
unsatisfied	*unbefriedigt (Mangel)*

a **dissatisfied** customer

The film left him **unsatisfied.**

Diese Begriffe klingen gleich, vgl. Kapitel 3.2 zu gleichlautenden Begriffen.

discreet	*diskret, dezent, taktvoll*
discrete	*separat, getrennt*
distinct	*ausgeprägt*
distinctive	*unverwechselbar*
distinguished	*ausgezeichnet*
economic	*wirtschaftlich*
economical	*sparsam*
envious	*neidisch*
enviable	*beneidenswert*
everyday (Adj.)	*alltäglich*
every day	*jeden Tag*

everyday life

Every day, he buys a sandwich.

excessive	*übermäßig*
exceeding	*übersteigend*
excessive rainfall	
exceeding 80 miles per hour	
guy [gaɪ]	*Typ, Kumpel*
gay [geɪ]	*homosexuell; Homosexuelle(r)*
historic	*historisch (z. B. Orte)*
historical	*geschichtlich (im Allgem.)*
a **historic** meeting	
in a **historical** context	
human [ˈhjuːmən]	*menschlich*
humane [hjuːˈmeɪn]	*menschenwürdig*
imaginary	*erfunden, eingebildet*
imaginative	*einfallsreich*
industrial	*gewerblich, industriell*
industrious	*fleißig*
inefficient	*ineffizient*
ineffective	*wirkungslos*
loose (Adj.) [luːs]	*locker*
to lose [luːz]	*verlieren*

Lerntipp

Schauen Sie sich leicht verwechselbare Wörter sehr genau an und lernen Sie nicht nur das nackte Wort, sondern immer den jeweiligen Kontext, in dem dieses verwendet wird, d. h. umhüllen Sie den Begriff mit Bedeutungskleidern.

Mehr zu den Adjektivendungen **-able** und **-ible** finden Sie in Kapitel 3.1

passed	*vorbeigegangen*
past	*vorbei (an), hinter*

pleasant	*angenehm*
pleasing	*wohltuend*
pleasurable	*ergötzlich*

a **pleasant** surprise
pleasing to the eye
a **pleasurable** experience

to precede	*vorangehen*
to proceed	*fortfahren, weitermachen*

price [praɪs]	*Preis, Geldsumme, Kosten*
prize [praɪz]	*Gewinn, Auszeichnung*

quiet [ˈkwaɪət]	*ruhig, leise, still*
quite [kwaɪt]	*ziemlich, völlig*

recognizable	*(wieder)erkennbar*
recognized	*anerkannt*

remains	*(Über)reste*
remnants	*Rest (übriggebliebene Teile von etw.)*
rest	*Rest (von Leuten, Sachen oder Dingen)*

The **remains** of the Roman castle can still be seen today.
The **remnants** of the old castle could still be seen.
They spent the **rest** of the day playing chess.

seasonable	*saisongerecht*
seasonal	*saisonal, saisonbedingt*
seasoned	*gewürzt; routiniert*

seasonable weather
He's a **seasonal** worker.
a **seasoned** performer

sometime	*irgendwann*
sometimes	*manchmal*
special	*besonders, speziell*
specific	*konkret, spezifisch*
use	*Gebrauch, Nutzen*
usage	*Verwendung*
to make **use** of sth.	
modern English **usage**	
various	*mehrere, viele*
varied	*unterschiedlich, vielfältig*
variable	*veränderlich*
varying	*variierend*
who	*wer*
where	*wo*

Achtung!

Neben „Handy“ und „Oldtimer“ hat die deutsche Sprache noch zahlreiche weitere Begriffe entwickelt, die zwar englisch anmuten, aber im Englischen so gar nicht existieren. Also genau hinsehen und nicht verwechseln!

Aircondition	air condition**ing**
Happy End	happy **ending**
Gin Tonic	gin **and** tonic
Shootingstar	**rising** star

5 Unterstreichen Sie die richtige Variante!

1. Could you tell me the way to the nearest / next post office, please?
2. Our new car is very economic / economical.
3. Could I borrow / lend your car for a couple of hours?

4. He said / told me that his father had passed away a few days before.
5. How long does it need / take you to get to work?
6. They have lived here for / since 2010.

6 Ergänzen Sie die Übersetzung für „bringen“ richtig!

bring get (2x) take (2x)

1. Could you .... grandma from the airport tonight?
2. Don't forget to .... some friends to my party.
3. In September they usually .... their plants from the garden into the house.
4. I'm hungry. Could you .... me a sandwich from the fridge, please?
5. You should .... an umbrella when you leave. It's going to rain soon.

7 Übersetzen Sie den Begriff!

1. This scarf doesn't really passen zu .... the colour of your hair.

2. There were mindestens .... 10,000 people at the concert.

3. I really can't mir leisten .... to buy a new car.

4. Do you know wer .... shot John F. Kennedy?

5. Did you have a angenehm .... holiday?

8 Kreuzen Sie die richtige Alternative an!

1. Asparagus is a .... vegetable.

❒ seasoned ❒ seasonable ❒ seasonal

2. You should take the job. You have nothing to ....

❒ lose ❒ loose ❒ lost

3. We spend the whole evening .... game shows on TV.

❒ seeing ❒ watching ❒ looking

4. I'd love to .... my motorbike across the US.

❒ go ❒ drive ❒ ride

5. Vietnamese coffee has a .... smooth flavour.

❒ distinct ❒ distinguished ❒ distinctive

1.3 Ausdrücke und Redewendungen

Again what learned! – Falsche Phrasen und Ausdrücke

Man sollte Sätze nie Wort für Wort direkt ins Englische übersetzen, denn das geht häufig daneben. Jede Sprache drückt Dinge auf eine andere Art und Weise aus, weshalb es besser ist, ganze Wendungen und nicht nur einzelne Begriffe als „Bausteine" zu lernen. Deutsche Englischlerner haben besonders in den folgenden Bereichen Schwierigkeiten. Versuchen Sie, die falschen Ausdrücke für immer aus Ihrem Vokabular zu verbannen!

Verben und Verbformen

I ~~become~~ a hotdog, please.	→ **I'll have** a hot dog, please.
~~it gives~~	→ **there are**
What ~~gives it~~?	→ **What's up?**
I ~~am~~ born in ...	→ I **was** born in...
~~How goes it?~~	→ **How's it going?** / **How are things?**
How ~~goes it~~ you?	→ How **are** you? / How **are** you **doing**?
I ~~play~~ football over 7 years.	→ I **have been playing** football **for** over 7 years.
I ~~make~~ a lot of sport.	→ I **do** a lot of sport.
She ~~made~~ a lot of pictures.	→ She **took** a lot of pictures.
You ~~go me on the~~ nerves.	→ You're **getting on my** nerves.

Verneinung

This ~~don't~~ make any sense.	→ This **doesn't** make any sense.
I ~~didn't found~~ the right one.	→ I didn't **find** the right one.
You ~~don't must~~ smoke in here.	→ You **mustn't** smoke in here.

Zur Vertiefung siehe Kapitel 2: Grammatik

Adjektive/Adverbien

I speak German ~~good~~. → I speak German **well**.

I am motivated and ~~good~~ organized. → I am motivated and **well** organized.

He works really ~~hardly~~. → He works really **hard**.

She always drives pretty ~~fastly~~. → She always drives pretty **fast**.

Satzstellung

~~Also~~ I can speak two languages. → I can **also speak** two languages.

What ~~means~~ this word? → What **does** this word **mean**?

I'm looking forward to ~~meet~~ you. → I'm looking forward to **meeting** you.

Präpositionen

I'm good ~~in~~ Maths. → I'm good **at** Maths.

I was impressed ~~of~~ her skills. → I was impressed **by** her skills.

The book was written ~~from~~ Hemingway. → The book was written **by** Hemingway.

I have to hand in the essay ~~until~~ Friday. → I have to hand in the essay **by** Friday.

We last saw each other 2012. → We last saw each other **in** 2012.

Einige beliebte denglische, sprachkreative Wendungen und ihre englischen Entsprechungen

~~I wish you what~~. → **Have a good one.**

~~I think I spider~~. → **Blimey!**

~~How much o'clock is it~~? → **What time is it?**

~~That find I also~~. → **I agree.**

~~Equal goes it loose~~. → **It's starting any minute.**

~~Again what learned~~. → **I've learned something new.**

Wussten Sie schon?

Im englischen Sprachraum drückt man sich im Vergleich zum Deutschen viel höflicher aus. Diesen kulturellen Unterschied sollte man nicht vernachlässigen, um Missverständnisse zu vermeiden. Denn „*German directness*" wirkt schnell unhöflich. Auf Englisch wird selbst das größte Desaster noch als „Unannehmlichkeit" *(inconvenience)* bezeichnet und die höfliche Antwort **„We are slightly concerned about your decision."** meint „Das geht gar nicht."
„There seem to be one or two issues here." „Das ist ein ziemliches Problem."

Redewendungen und Sprichwörter

Redewendungen und Sprichwörter lassen sich nur selten einigermaßen wörtlich übersetzen. Denn die verwendeten sprachlichen Bilder der Wendungen unterscheiden sich häufig zwischen den Sprachen. Man muss sie als ganze Ausdrücke lernen: **No pain, no gain!** *(Ohne Fleiß kein Preis!)*
Es macht aber auch großen Spaß, da sie oft lustig sind und sich die bildhaften Wendungen gut einprägen.

Einige deutsche Redewendungen und Sprichwörter, die man nicht wörtlich übersetzen kann:

auf dem Holzweg sein	**to be barking up the wrong tree**
zwei linke Hände haben	**to be all thumbs** (wörtlich: *nur aus Daumen bestehen*)
ein Tropfen auf dem heißen Stein	**a drop in the ocean**
vom Regen in die Traufe	**out of the frying pan and into the fire**

Ausdrücke und Redewendungen

ins Fettnäpfchen treten 	**to put one's foot in one's mouth**
vor Neid erblassen	**to turn green with envy** (wörtlich: *vor Neid grün werden*)
sich den Mund fransig / fusslig reden	**to talk oneself blue in the face** (wörtlich: *reden, bis man blau im Gesicht wird*)
aus einer Mücke einen Elefanten machen	**to make a mountain out of a molehill** (wörtlich: *aus einem Maulwurfshügel einen Berg machen*)
vor die Hunde gehen	**to go down the drain** (wörtlich: *den Abfluss runtergehen*)
zwischen allen Stühlen sitzen	**to be between a rock and a hard place**
den Braten riechen	**to smell a rat**
einem auf die Nerven gehen	**to be a pain in the neck**
zwei Fliegen mit einer Klappe schlagen	**to kill two birds with one stone**
kleine Brötchen backen	**to eat humble pie** (wörtlich: *bescheidene Pastete/Torte essen*)
sich weit aus dem Fenster lehnen	**to go out on a limb** (wörtlich: *auf einem Ast rausgehen*)

der Tropfen, der das Fass zum überlaufen bringt	**the straw that breaks the camel's back** (wörtlich: *der Strohhalm, der dem Kamel den Rücken bricht*)
jdn. auf den Arm nehmen	**to pull sb.'s leg**
die Daumen drücken	**to keep one's fingers crossed** (wörtlich: *seine Finger gekreuzt halten*)
über beide Ohren verliebt sein	**to be head over heels in love** (wörtlich: *Hals über Ferse verliebt sein*)
jdn. aufs Glatteis führen	**to lead sb. up the garden path**
sich die Radieschen von unten anschauen	**to be pushing up (the) daisies** (wörtlich: *die Gänseblümchen hochdrücken*)
ins Gras beißen / den Löffel abgeben	**to bite the dust / to kick the bucket**

glücklich und zufrieden sein	**to be as happy as a clam** (wörtlich: *fröhlich sein wie eine Venusmuschel*)
keine voreiligen Schlüsse ziehen	**Don't judge a book by its cover.**
Ich verstehe nur Bahnhof.	**It's all Greek to me.**

Besser den Spatz in der Hand, als die Taube auf dem Dach.	**A bird in the hand is worth two in the bush.**
Eine Hand wäscht die andere.	**You scratch my back and I'll scratch yours.**
Kleinvieh macht auch Mist.	**A penny saved is a penny earned.**
Man sägt nicht den Ast ab, auf dem man sitzt.	**Don't bite the hand that feeds you.**
Probieren geht über Studieren.	**The proof of the pudding is in the eating.** (wörtlich: *Der Beweis des Puddings liegt in seinem Verzehr.*)

Lerntipp

Üben Sie Ihr visuelles Vorstellungsvermögen und stellen Sie sich die Redewendungen bildlich vor. Sie werden sehen, dass sie so viel eher im Gedächtnis haften bleiben.

Vorsicht bei Sprichwörtern, die im Englischen sehr ähnlich, aber dann doch etwas anders sind:

wie ein Elefant im Porzellanladen	**like a bull in a china shop**
Bellende Hunde beißen nicht.	**His/Her bark is worse than his/her bite.**
Es verkauft sich wie warme Semmeln.	**It sells like hot cakes.**
jdm. auf den Schlips treten	**to tread on sb.'s toes**
jdn. auf die Palme bringen	**to drive sb. up the wall**

9 Welches Tier passt zu welcher Redewendung?

bull rat camel birds clam

1. the straw that breaks the .... back
2. to be as happy as a ....

3. to behave like a .... in a china shop
4. to smell a ....
5. to kill two .... with one stone

10 Ergänzen Sie die Sätze mit der entsprechenden Redewendung!

all thumbs making a mountain out of a molehill
sitting on the fence a real pain in the neck

1. She's too diplomatic and refuses to speak her mind. I wish she would stop ....
2. I can't even hammer a nail into a wall – I'm just ....
3. He wouldn't stop criticizing us, although his arguments were weak. He was ....
4. The matter wasn't really worth mentioning, but he's always ....

11 Welche Definition gehört zu welchem Sprichwort?

1. ☐ You can't teach an old dog new tricks.
2. ☐ to be barking up the wrong tree
3. ☐ Don't judge a book by its cover.
4. ☐ You scratch my back, I'll scratch yours.
5. ☐ The proof of the pudding is in the eating.
6. ☐ It's all Greek to me.

a I don't understand this at all.
b We can do a favour for each other.
c trying sth. is better than studying it
d to have the wrong idea about sth.
e People are creatures of habit.
f There's more behind the surface.

12 Wie sagt man auf Englisch?

1. Es verkauft sich wie warme Semmeln.

   ....

2. Bellende Hunde beißen nicht.

   ....

3. Kleinvieh macht auch Mist.

   ....

4. Man sägt nicht den Ast ab, auf dem man sitzt.

   ....

1.4 Zahlen

Die Ordnungszahlen werden im Englischen durch Anhängen von **-th** an die jeweilige Zahl gebildet, aber es gibt einige Ausnahmen:

1st	first	5th	fifth	12th	twelfth
2nd	second	8th	eighth	13th	thirteenth
3rd	third	9th	ninth	20th	twentieth
4th	fourth	11th	eleventh	21st	twenty-first

Null ist nicht gleich Null

Die Zahl Null wird sehr unterschiedlich bezeichnet, je nach Verwendung:

zero [ˈzɪərəʊ]	• beim Countdown 3–2–1–0 • einer Skala • der Temperatur	*I rated my chances as **zero**.* ***zero** degrees Celsius*
o [əʊ]	• bei Telefonnummern • Kontonummern • Zahlenkolonnen	*My number is two one six three **o** five.* *3045 = three **o** four five*
nil [nɪl]	bei Sportergebnissen 5 : 0	*five – **nil***
love [lʌv]	beim Tennis 0:15	***Love** – fifteen*
nought [nɔːt]	• in der Mathematik 0 + 0 = 0 • Nullen als Ziffern	***nought** plus **nought** equals **nought***

Info

Die Amerikaner verwenden bei allgemeinen Angaben häufiger **zero** als **o**.

Auf Punkt und Komma

Achtung Verwechslungsgefahr!

Die Trennzeichen „Punkt“ und „Komma“ werden im Deutschen und Englischen genau umgekehrt verwendet:

Englische Dezimalzahlen verwenden kein Komma, sondern einen **Punkt**.

2,4 Liter = 2.4 litres
(two **point** four litres)

Um Zahlen über 1000 besser lesbar zu machen, verwendet man hingegen im Englischen ein **Komma:**

44.400 Bäume = 44,400 trees

In der Regel steht nach einer Zahlenangabe das Verb im **Singular**. Das Verb steht jedoch im **Plural**, wenn von einer gewissen Anzahl von Dingen oder Menschen die Rede ist:

Three quarters of a mile **is** about 1,200 metres.
Half of the tourists **were** from Australia.

Das Zeichen für das **britische Pfund** ist ein durchgestrichenes L (£ oder **£**).
Ein Penny wird mit **p** abgekürzt, die Mehrzahl von penny ist **pence:**

£4.75 = four pound(s) (and) seventy-five (pence)

Sprachtipp

Bei Geldscheinen verwendet man die Singularform von Pfund: **a ten-pound note**, beim Bezahlen die Pluralform: **to pay in (pounds) sterling**.

13 Schreiben Sie die Ziffern als Ordnungszahlen aus!

1. 21 ....

2. 33 ....

3. 12 ....

4. 101 ....

14 Geben Sie folgende Sportergebnisse an!

1. Tennis: 0 – 40 ....

2. Fußball: 3 – 2 ....

3. Damenfußball: 4 – 0 ....

4. Basketball: 89 – 82 ....

15 Geben Sie folgende Zahlen und Preise bekannt!

1. £3.25 ....

2. –7.8°C ....

3. 26,500 ....

4. 4p ....

Typische Fehlerquellen im Wortschatz – kurz und knapp

False friends

Seien Sie vorsichtig bei der Verwendung englischer Wörter, die den deutschen sehr ähnlich sind. Die Bedeutung des englischen Begriffs *kann* völlig anders sein als die deutsche Übersetzung. Hier helfen vor allem **einsprachige Wörterbücher**, die auch online abrufbar sind.

Häufig verwechselte Wörter

Mitunter hat ein deutsches Wort mehrere englische Entsprechungen. Es ist immer ratsam, einzelne **Begriffe im Kontext zu lernen** und eine deutsche Phrase nicht wörtlich ins Englische zu übertragen. Während man im Deutschen beispielsweise **ein Foto von etwas *macht***, stellt man sich im Englischen vor, **ein Foto von etwas zu *nehmen* – to take a photo/picture**. Ziel des Lernens sollte es sein, sich diese idiomatischen Ausdrücke einzuprägen.

Falsche Phrasen und Ausdrücke

Vor allem die typisch englische Art des Fragens mit **do/does** und **did**, die Verneinung mit **don't/doesn't** und **didn't** sowie die vielen Kombinationen aus **Verb + Präposition** gilt es zu beachten.

Redewendungen und Sprichwörter

So witzig es auch sein mag, deutsche Redewendungen wörtlich ins Englische zu übertragen – man sollte immer die authentische englische Wendung parat haben. So können Sie in jedem Gespräch mit ihrem Wissen punkten.

Zahlen

Die englischen Zahlen sind recht einfach. Merken Sie sich die Ausnahmen und die Unterschiede zum deutschen System, z. B. die Verwendung von Punkt und Komma oder das **-th** bei den Ordnungszahlen.

Zwischentest Wortschatz

1 Welcher Begriff ist der richtige?

1. We spent the evening sitting on a park bank / park bench / park pew.

2. I'm not very good at / in / for geography.

3. Her suitcase was not very difficult / heavy / hard.

4. Many English schoolchildren have to carry / wear / bear a uniform.

5. He drove faster / fastlier / more fast than he should have on his way home.

6. Do you have a recipe / receipt / prescription for this medicine?

7. They spent / spared / donated a thousand pounds to the Red Cross.

8. She can be a real pain in the neck / face / head sometimes.

2 Übersetzen Sie den deutschen Begriff ins Englische!

1. Excuse me, where's the nächste .... petrol station?

2. Last night Brazil won 3 zu Null .... against Spain.

3. I have a new Kollegin .... in my office.

4. He's Hals über Kopf .... in love.

5. When I saw what he got for his birthday I was really neidisch ....

6. His birthday was on the dreiundzwanzigste .... of September.

7. Robin is a quiet and sensibel .... child.

8. Please erinnere mich .... to buy some milk.

3 Welches Wort ist das richtige?

1. I .... an internship at a local art gallery last year.

❒ made ❒ did ❒ took

2. I need to return the books to the library .... Thursday.

❒ by ❒ until ❒ to

3. The blouse I gave her didn't .... the colour of her eyes.

❒ fit ❒ go with ❒ suit

4. Could I .... your bicycle for an hour?

❒ lend ❒ loan ❒ borrow

4 Übersetzen Sie die Redewendungen!

1. jdn. aufs Glatteis führen

....

2. auf dem Holzweg sein

....

3. jdn. auf den Arm nehmen

....

4. ins Gras beißen

....

2. Grammatik

2.1 Verben

Vgl. Kapitel 2.2 zu den Zeitformen.

Verlaufsformen (= *to be* + *ing*-Form)

Die Verlaufsform ***(Continuous Form)***, die das Deutsche kaum verwendet, ist im Englischen sehr wichtig. Sie beschreibt Handlungen, die zu einem bestimmten Zeitpunkt gerade stattfinden, während die *Simple Form* für abgeschlossene oder regelmäßige Handlungen und Allgemeines verwendet wird.
z. B. What **were** you **doing** last night when I called? (nicht ~~What did you do ...~~?)
Was hast du gestern Abend getan, als ich angerufen habe?

Zustandsverben, also Verben, die *keine* Tätigkeit zum Ausdruck bringen, haben also auch keine Verlaufsform. Das betrifft folgende Verbkategorien:

- **Zustand oder Besitz:** to be, to belong, to cost, to have, to own
- **Wahrnehmung:** to see, to hear, to smell, to taste, to seem, to sound
- **Meinung, Kommunikation und Verstand:** to know, to believe, to (dis)agree, to mean, to promise, to remember, to understand
- **Gefühl:** to hate, to like, to love, to prefer, to want

Gerund oder Infinitiv?

Ein ***Gerund*** ist eine substantivierte Verbform = *das Gehen*. Im Englischen ist die Form identisch mit der **ing-Form**. Folgen zwei Verben aufeinander, dann steht in einigen Fällen das zweite in dieser ing-Form: z. B. **I like jogging**.
Nach **Verb + Präposition** steht fast immer ein Gerund. z. B. to **give up doing** sth.

Merkhilfe

Da nach **Verb + Präposition** fast immer ein Gerund folgt, so folgt es auch der Präposition **to**. Dieses **to** gehört zum vorhergehenden (Phrasal) Verb, *nicht* zum folgenden Verb, z. B.

to look forward to	**doing sth.**	*sich darauf freuen, etw. zu tun*
to be used to	**doing sth.**	*gewohnt sein, etw. zu tun*

Auch nach folgenden Verben steht ein *Gerund*:

to admit (to)	to deny	to involve	to recall	
to adore	to dislike	to justify	to recommend	
to avoid	to enjoy	to keep (on)	to report (sb.)	
to begin*	to excuse sb.	to like (= enjoy)	to resent (sb.)	
can't bear*	for/from	to love	to resist	
can't stand*	to fancy	to mention	to resume	**+ doing (sth.)**
can't help	to finish	to mind	to risk	
can't face	to forgive sb. for	to miss	to spend time	
to consider	to hate*	to postpone	to start*	
to continue*	to imagine	to practise	to suggest	
to delay	to intend*	to prefer	to understand sb.	

Einigen Verben kann entweder ein ***Gerund*** oder ein **Infinitiv** folgen, sie sind hier mit * gekennzeichnet. Die beiden Formen haben dabei in einigen Fällen unterschiedliche Bedeutungen:

Verb + *Gerund*	drückt häufig Vergangenes oder Allgemeines aus
Verb + Infinitiv	bezieht sich auf Gegenwärtiges bzw. Zukünftiges sowie Spezielles.

Hier die wichtigsten Doppelfälle:

Verb plus *Gerund*	**Verb plus Infinitiv**
to forget doing sth. *vergessen, etw. getan zu haben* I'll never forget walking through the park.	**to forget to do sth.** *vergessen, etw. zu tun* Please don't forget to buy some bread.
to remember doing sth. *sich daran erinnern, etw. getan zu haben* I remember playing ball with little Berry.	**to remember to do sth.** *daran denken, etw. zu tun* I must remember to text Tom tonight.

to regret doing sth. *bedauern, etw. getan zu haben* We don't regret moving to Gloucester.	**to regret to do sth.** *bedauern, etw. tun zu müssen* We regret to inform you that you have not been selected for interview.
to try doing sth. *etw. versuchsweise ausprobieren* I can't open your email. – Try restarting the program.	**to try to do sth.** *versuchen / sich bemühen, etw. zu tun* I tried to move the old table but it was too heavy.
to stop doing sth. *aufhören, etw. zu tun* I stopped smoking ten years ago.	**to stop to do sth.** *anhalten, um etw. Anderes zu tun* I stopped to buy a paper on my way home.
to mean doing sth. *zum Ergebnis haben, etw. zu tun* The agreement means accepting lower wages.	**to mean to do sth.** *beabsichtigen, etw. zu tun* I didn't mean to step on your toe.
to go on doing sth. *mit etw. fortfahren* We went on watching TV for another two hours.	**to go on to do sth.** *dann/danach etw. Neues/Anderes tun* After playing tennis for three hours, we went on to watch a film on TV.
to be used to doing sth. *daran gewöhnt sein, etw. zu tun* I'm used to getting up at 6:30 in the morning.	**used to do sth.** *früher etw. oft getan haben* When I was a child, I used to get up at seven o'clock.
to be afraid of doing sth. *allgemein etw. befürchten* She's afraid of walking through the park at night.	**to be afraid to do sth.** *konkret Angst haben, etw. zu tun* After watching that horror film, she was afraid to open the door.
to be sorry for doing sth. *sich entschuldigen, etw. getan zu haben* Mother was sorry for yelling at me last week.	**to be sorry to do sth.** *es bedauern, etw. zu tun* I'm sorry to say you can't come with us.

Das Passiv

Im Passivsatz wird das Objekt des Aktivsatzes zum neuen Subjekt. Ein Aktivsatz ohne Objekt (*She woke up.*) kann keine Passivform ausbilden:

Zum Satzbau siehe auch. Kapitel 2.5.

Objekt

Aktiv: He **wrote** [the book] ten years ago.

Passiv: [The book] **was written** ten years ago.

Subjekt

Für den schnellen Überblick: Alle Passivformen

Future Simple	**will be written**	*wird geschrieben werden*
Present Simple	**is written**	*wird geschrieben*
Past Simple	**was written**	*wurde geschrieben*
Present Perfect Simple	**has been written**	*ist geschrieben worden*
Past Perfect Simple	**had been written**	*war geschrieben worden*
Future Perfect Simple	**will have been written**	*wird geschrieben worden sein*

Wussten Sie schon?

Folgt dem Verb im Satz eine Präposition (z. B. **break into, look after**), bleibt die Präposition auch im Passivsatz beim Verb.
Someone **broke into** the pet shop. → The pet shop **was broken into**.

Die **Verlaufsform** wird im Passiv nur in *Present* und *Past* ausgebildet:

Present Continuous	We **are being** followed.	*Wir werden (gerade) verfolgt.*
Past Continuous	We **were being** followed.	*Wir wurden (gerade) verfolgt.*

Achtung!

Der Urheber einer Handlung wird bei Passivsätzen immer mit **by** angeschlossen, NICHT mit *from*:
I **was stung by** a bee. *Ich wurde **von** einer Biene gestochen.*

Reflexive und unregelmäßige Verben

Eine große Anzahl reflexiver deutscher Verben ist im Englischen **nicht reflexiv**. Die wichtigsten sind:

sich anziehen	to get dressed
sich ärgern	to be annoyed/angry
sich auskennen (mit)	to be familiar (with)
sich beeilen	to hurry, to rush
sich bewegen	to move
sich bewerben	to apply
sich duschen	to have/take a shower
sich erholen	to recover, to relax
sich erinnern	to remember, to recall
sich freuen auf	to look forward to
sich gewöhnen an	to get used to
sich interessieren für	to be interested in
sich irren	to be mistaken
sich konzentrieren (auf)	to focus (on), to concentrate (on)
sich rasieren	to shave
sich setzen	to sit down
sich überlegen	to consider, to think about
sich verlassen auf	to rely on
sich verirren	to get lost
sich (im Geiste) vorstellen	to imagine
sich waschen	to wash, to have a wash

Merkhilfe

Besonders Verben, die sich auf den eigenen Körper oder Geist beziehen, sind im Englischen seltener reflexiv als im Deutschen. Ein Reflexivpronomen wird nur ergänzt, um hervorzuheben, dass jmd. etw. selbst kann. z. B.:
*I can bathe **myself**. I don't need your help.*

Eine weitere typische Fehlerquelle im Englischen sind die **unregelmäßigen Verben**. Diese muss man schlicht auswendig lernen. Einige ähnliche Formen und Sonderfälle sind dabei besonders zu beachten:

Infinitive	Simple Past	Past Participle	
to be	was/were	been	*sein*
to eat	ate [æt/eɪt]	eaten ['iːtn]	*essen*
to bear	bore	borne	*gebären*
	Aber: to be **born** (in) ...		*geboren sein*
to bite	bit	bitten	*beißen*
to do	did	done	*tun*
to drink	drank [dræŋk]	drunk [drʌŋk]	*trinken*
to fall	fall	fallen	*fallen*
to feel	felt	felt	*fühlen*
to find	found	found	*finden*
to found	founded	founded	*gründen*
to hit	hit	hit	*schlagen, treffen*
to lead [liːd]	led [led]	led [led]	*führen, leiten*
to lie [laɪ]	lied [laɪd]	lied [laɪd]	*lügen*
to lie [laɪ]	lay [leɪ]	lain [leɪn]	*liegen*
to lay [leɪ]	laid [leɪd]	laid [leɪd]	*legen*
to raise [reɪz]	raised	raised	*(er)heben*
to rise [raɪz]	rose	risen	*aufgehen*
to read [riːd]	read [red]	read [red]	*lesen*
to see	saw	seen	*sehen*
to saw	sawed	sawed	*sägen*
to strike	struck	struck	*schlagen*
to stroke	stroked	stroked	*streicheln*
to swim	swam [swæm]	swum [swʌm]	*schwimmen*

Mehr zu gleich lautenden und gleich geschriebenen Begriffen in Kapitel 3.1 und 3.2.

1 Finden Sie den Fehler in jedem Satz und bessern Sie ihn aus!

1. I am wanting to kiss you.

....

2. He couldn't resist to show off his new car.

....

3. What book do you read at the moment?

....

4. Please remember buying some wine for tonight.

....

2 Setzen Sie die Verben ins *Past Simple*!

1. to put
2. to stroke
3. to raise
4. to find
5. to become
6. to lie *(lügen)*

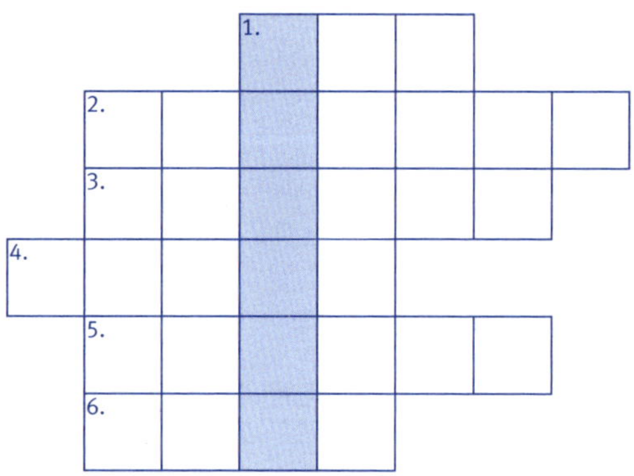

3 *Gerund* oder Infinitiv?

1. I decided go .... home because I was tired.
2. We're considering move .... back to Wales.
3. We've always enjoyed hike .... in the woods.
4. They don't seem have .... much money.

4 Wandeln Sie die Aktivsätze in Passivsätze um!

1. Someone cleaned all the windows yesterday.

   ....

2. They've built a new hospital a few miles down the road.

   ....

3. The agency paid me £100.

   ....

4. I'll post the letter tomorrow.

   ....

5 Übersetzen Sie die folgenden reflexiven Verben!

1. sich waschen ....
2. sich bewerben ....
3. sich erinnern ....
4. sich erholen ....

2.2 Zeiten

Das *Present Perfect*

Für alle Tätigkeiten und Zustände, die in der Vergangenheit angefangen haben und in der Gegenwart noch anhalten oder deren Ergebnissse in der Gegenwart aktuell sind, verwendet das Englische das ***Present Perfect***. Das Deutsche sieht diese Handlungen aber aus der Gegenwart und verwendet das Präsens. Eine sehr häufige Fehlerquelle!

Ich kenne ihn seit fünf Jahren. I **have known** him for five years.
~~I know him for five years.~~

Das *Present Perfect* schlägt also eine Art Brücke von der Vergangenheit zur Gegenwart.

have known him
damals → **heute**
for five years

Achten Sie auf den Unterschied zwischen **einfacher Form** und **Verlaufsform:**

Simple Form	Continuous Form
• *Ergebnis einer Handlung* I**'ve written** 50 emails today.	• *Handlung selbst* I**'ve been writing** emails for three hours.
• *permanent* She **has lived** in Dover all her life.	• *temporär* She **has been living** in Dover for 3 years.

Die englische Entsprechung für *seit*: since oder for?

Im Zusammenhang mit Handlungen und Zuständen, die in der Vergangenheit angefangen haben und in der Gegenwart noch anhalten (*Present Perfect*), wird das deutsche *seit* mit **since** oder **for** wiedergegeben, wobei **since** den Zeitpunkt (meist der Anfangspunkt) angibt und **for** die Zeitdauer, die etwas bereits anhält:

Vgl. Kapitel 1.2.

since bei **Zeitpunkt:**	I've known her since May.	*... seit Mai*
for bei **Zeitdauer:**	I've known her for five months.	*... seit 5 Monaten*

Merkhilfe

Since hat einen Zeit**punkt** auf dem i.

Wussten Sie schon?

Bei abgeschlossenen Handlungen oder Tätigkeiten (*Past Tense*) übersetzt man **for** mit *lang*:
I lived in Brighton **for** ten years, then I moved to Glasgow.
Ich lebte zehn Jahre ***lang*** *in Brighton, dann zog ich nach Glasgow.*

Present Perfect oder *Past Simple*?

Beim **Past Simple** ist sowohl die Aktivität als auch ihr Zeitpunkt abgeschlossen und für die Gegenwart nicht mehr wichtig; beim **Present Perfect** halten sie entweder noch an oder die Wirkung ist noch aktuell. Es gilt also bei jedem Satz darauf zu achten, wie Zustand und Handlung in Bezug zur Gegenwart stehen.

She got married in Bath two years ago. → *Die Hochzeit ist vorbei.*
She has been married for two years now. → *Sie ist bis heute verheiratet.*

Adverbien, die eindeutig Vergangenes anzeigen – z. B. **ago, last week, in 1066** oder **yesterday** –, stehen immer mit Verben im ***Past Simple***. Sie sind also **Signalwörter** für ***Past Simple***, genauso wie **since** und **for** ***Present Perfect*** signalisieren.

Achtung:
Zeitangaben, die bis an die Gegenwart heranreichen, können sowohl mit *Present Perfect (PP)* als auch mit *Past Simple* stehen:

PP Simple:	I'**ve read** 50 pages **today** (so far).	→ *heute hält noch an*
Past Simple:	I **read** 50 pages **today**.	→ *heute ist abgeschlossen*

Past Perfect und *Past Tense*

Das **Past Perfect** verwendet man für Handlungen und Zustände, die ***vor*** anderen Handlungen und Zuständen in der Vergangenheit stattfanden (Vorzeitigkeit):

When I came home last night, my flatmate **had** already **gone** to bed.
*Als ich gestern Abend nach Hause kam, **war** meine Mitbewohnerin bereits zu Bett **gegangen**.*

Vergleichen Sie die unterschiedlichen Bedeutungen der Vergangenheitsformen:

When Sam **came** home,
1) we **watched** the news on TV.
2) we **were watching** the news on TV.
3) we **had** (already) **watched** the news on TV.
4) we **had been watching** TV for half an hour.

1) **Past Simple**:	**Zuerst** kam Sam nach Hause, **dann** wurde ferngesehen.
2) **Past Continuous**:	Als Sam nach Hause kam, waren wir **gerade dabei** die Nachrichten zu schauen. *(Hintergrundtätigkeit)*
3) **Past Perfect Simple**:	Als Sam nach Hause kam, **hatten** wir **(zuvor)** die Nachrichten gesehen. *(Vorzeitigkeit)*
4) **Past Perfect Continuous**:	Als Sam nach Hause kam, **hatten** wir zu diesem Zeitpunkt **bereits** eine halbe Stunde ferngesehen.

Future Tenses

Anders als im Deutschen, das für zukünftige Handlungen und Zustände gern das Präsens verwendet, benötigt das Englische fast immer eine Zeitform der Zukunft. Der häufig verwechselte Unterschied zwischen **Will Future** und **Going-to Future** ist einfach zu merken:

Going-to Future für konkrete Pläne, Absichten und unmittelbar Vorhersehbares:

I'**m going to** clean the windows tomorrow morning. → *feste Absicht*
It'**s going to** rain any minute. → *direkt bevorstehend*

Will Future für allgemeine Vorhersagen, Vermutungen, spontane Angebote und Versprechen, höfliche Fragen sowie allgemeine Zustände und Situationen:

The weather **will be** nice in June. → *Vorhersage*
I'**ll** do it tomorrow. / I'**ll** tell you later. → *spontane Antwort*
Will you shut the door, please? → *höfliche Frage*
Yes, I'**ll** be at home tomorrow. → *Allgemeines*
Tom **will** probably arrive at 6 p.m. → *Vermutung*

Daneben verwendet man das **Present Continuous**, wenn etwas fest vereinbart wurde, und das **Present Simple** für fest vorgegebene Zeitpläne:

He **is having** dinner with Ashley on Friday. → *fest vereinbart*
The bus **leaves** at 9 a.m. tomorrow morning. → *Zeitplan*

Merkhilfe

Für Tätigkeiten, die zu einem Zeitpunkt in der Zukunft gerade ablaufen werden, verwendet man das **Future Continuous**:
Tomorrow morning at six I'**ll** still **be sleeping**.
Morgen früh um sechs werde ich noch schlafen.

6 Die Zukunft. Unterstreichen Sie die richtige Variante!

1. What are you doing? – I will / am going to mow the lawn.

2. I'm sure the weather will / is going to be nice in September.

3. I feel terrible. I think I will / am going to be sick.

4. Will you / Are you going to help me carry my bags, please?

5. The phone is ringing! – I will / am going to get it.

6. The train will leave / leaves at 10 a. m. tomorrow.

7 Übersetzen Sie ins Englische!

1. Regnet es draußen noch?

....

....

2. Es regnet seit drei Tagen.

....

3. Gestern regnete es drei Stunden lang.

....

4. Hat es geregnet, als du nach Hause kamst?

....

5. Als ich nach draußen ging, sah ich, dass es geregnet hatte.

....

8 Korrigieren Sie die durchgestrichene Zeitform!

1. I ~~live~~ .... in Hamburg since I was born.
2. When I came home, my husband ~~already went~~ .... to bed.
3. What you are doing? – I ~~read~~ .... the newspaper.
4. I ~~have bought~~ .... a new bicycle yesterday.
5. The plane from New York ~~will arrive~~ .... at 7:35 tomorrow morning.

9 Kreuzen Sie die richtige Zeitform an!

1. Ten years ago I .... in a small town in the north of England.
   - ❐ lived ❐ have lived ❐ had lived
2. When I got home, my whole family .... in front of the TV.
   - ❐ is sitting ❐ was sitting ❐ has been sitting
3. He .... hard but failed all the same.
   - ❐ studied ❐ has studied ❐ will study
4. What .... when I called you?
   - ❐ are you doing ❐ were you doing ❐ have you done
5. Look at those black clouds. It .... any minute.
   - ❐ rains ❐ is raining ❐ is going to rain

2.3 Substantive, Adjektive und Adverbien

Die Pluralbildung

Obwohl die Pluralbildung im Englischen sehr einfach ist – man hängt ein **-s** an das Substantiv (boy → boy**s**), gilt es einige wichtige **Ausnahmen** zu beachten:

- Steht ein **Konsonant vor -y**, wird der Plural zu **-ies**: party → part**ies**, lady → lad**ies**
- Nach **-ch, -sh, -s, -x** oder **-z** schiebt man ein **-e-** ein: church → church**es**, bus → bus**es**, wish → wish**es**, fox → fox**es**
- **-f** wird zu **-ves**: half → hal**ves**, knife → kni**ves**, leaf → lea**ves**, shelf → shel**ves**
  Aber: roof → roof**s**, belief → belief**s**, chief → chief**s**
- Einige **Substantive auf -o** bilden den Plural ein **-oes**: echo → echo**es**, potato → potato**es**, tomato → tomato**es**
  Ausnahmen: kilos, photos, radios, videos *usw.*

Wussten Sie schon?

Der Plural der Substantive **dwarf**, **hoof**, **scarf** und **wharf** kann wahlweise auf **-fs** oder **-ves** gebildet werden.

Unregelmäßig gebildet werden:

child → child**ren**	man → m**e**n	woman → wom**e**n	crisis → cris**es**
foot → f**ee**t	goose → g**ee**se	louse → **lice**	mouse → **mice**
ox → ox**en**	penny → **pence**	person → **people**	tooth → t**ee**th

Substantive, bei denen **Singular gleich Plural** ist, sind:
sheep, fish, means, series sowie fast alle Fischarten, wie cod *(Kabeljau)*, halibut *(Heilbutt)*, tuna *(Thunfisch)*, salmon *(Lachs)* usw.

Eine häufige Fehlerquelle sind **Substantive ohne Pluralform**, die mit einem Verb im Singular stehen. Sie werden als **unzählbar** angesehen und stehen nie mit einem unbestimmten Artikel. Um bei diesen Substantiven eine Menge anzugeben, verwendet man oft **a piece of** bzw. **pieces of** oder **some**:

accommodation	advice	baggage/luggage	bread
damage	evidence	equipment	fun
furniture	homework	information	knowledge
money	permission	progress	scenery
traffic	work		

Im Englischen sagt man also nicht:

Thank you, that was ~~a very helpful information~~.
→ Thank you, that was **a** very helpful **piece of** information.
Thank you, ~~these informations were~~ very helpful.
→ Thank you, that **information was** very helpful.

Substantive ohne Singularform sind die sogenannten **Paarwörter** (weil sie meist aus zwei Teilen bestehen), Mengen werden mit **a pair of** angegeben:

- **Kleidungsstücke:** breeches *(Reithosen)*, braces, jeans, shorts, leggings, pyjamas, swimming trunks, tights, trousers
- **Brillen und Gerätschaften:** glasses, spectacles, goggles *(Schwimmbrille)*, binoculars, headphones, scales *(Waage)*, scissors, pincers *(Zange)*, tweezers *(Pinzette)*

Typische Fehler sind in diesem Zusammenhang:

Why don't you wear ~~a short~~ **shorts** instead ~~of a trouser~~ **trousers**?
Do you have ~~a scissor~~ **some/a pair of scissors**?

Kollektivsubstantive sind Substantive im **Singular**, nach denen das Verb häufig im Plural steht, um hervorzuheben, dass es sich um die Mitglieder einer **Gruppe** von Menschen handelt. Man kann diese Begriffe auch mit einem Verb im Singular verwenden, wenn man die Gruppe als Einheit sieht:

audience	choir	class	committee	crew	family	gang
government	group	people	police	public	staff	team

The new family next door **enjoy(s)** having parties in the garden.
The audience clapped **their** hands. *Gruppenmitglieder*
The team **is** not playing very well today. *Gruppe als Einheit*

Immer mit Singularverb stehen **Ländernamen im Plural** sowie das Wort **news**:
The **United States is** the only superpower left.

Adjektive und Adverbien

Im Deutschen sind Adjektiv und Adverb oft formgleich, im Englischen dagegen meist nicht. Adverbien werden zumeist durch Anhängen von **-ly** gebildet (z. B. bright → bright**ly**). Achten Sie also darauf, welche Form benötigt wird:

Adjektiv: mit Substantiven, nach Verben des Zustands (to be, to remain, to seem usw.) und der Sinneswahrnehmung (to look, to smell, to feel usw.)
a **beautiful house**/the **house** is **beautiful**. *Substantiv*
The coffee **tastes bad**. *Sinneswahrnehmung*

Zur Wortstellung vgl. Kapitel 2.5.

Adverb: für Eigenschaften von Verben, Adjektiven, Adverbien, Wortgruppen, Sätzen
She **drives carefully**. *Verb*
The film was **surprisingly boring**. *Adjektiv*
Unfortunately, they ran out of money. *Satz*

Merkspruch

Nach **look** und **feel** und **taste** und **smell** ein Adjektiv ist meist Gesell.

Adjektive auf -ly, die auch Adverbien sind: daily, early, monthly, weekly, yearly

Einige **Adjektive auf -ly** bilden **keine Adverbialform**:

costly	chilly	cowardly	friendly	heavenly	holy
lively	lonely	lovely	silly	smelly	ugly

Um sie in adverbialer Bedeutung zu verwenden, wird die Formulierung **in a ... way/ manner** (*auf ... Weise*) zu Hilfe genommen: He smiled **in a friendly manner/way.**

Einige Adjektive bilden ein **gleichlautendes Adverb** und zusätzlich eines auf **-ly** aus. Achten Sie auf die Bedeutungsunterschiede:

Adjektiv	zugehöriges Adverb	Adverb mit -ly
deep: *tief* We looked into a **deep** valley.	**deep:** *tief* He wandered **deep** into the valley.	**deeply:** *sehr, äußerst* They are **deeply** in love.
direct: *direkt* I took the **direct** train.	**direct:** *direkt* You can go **direct**.	**directly:** *genau* They were **directly** ahead.
fair: *fair* It was a **fair** play.	**fair:** *fair* They didn't play **fair**.	**fairly:** *ziemlich* They arrived **fairly** early.
hard: *hart, schwer* It was **hard** work.	**hard:** *hart, schwer* She worked **hard**.	**hardly:** *kaum* She **hardly** works.
high: *hoch* He played a **high** ball.	**high:** *hoch* I can't jump that **high**.	**highly:** *sehr, stark* She was **highly** surprised.

Erinnern Sie sich?

Das Adverb zu **good** heißt **well**:
She plays the guitar **well**.
Als Adjektiv verwendet bedeutet **well** *gesund*:
You don't look **well**.

just: *gerecht* The decision wasn't **just**.	just: *genauso* She looks **just** like her mother.	justly: *zu Recht* You can **justly** be proud of your achievements.
late: *spät, verspätet* The bus was **late**.	late: *spät, verspätet* The bus arrived **late**.	lately: *kürzlich* I've been reading a lot **lately**.
most: *am/die meisten* **Most** kids don't like spinach.	most: *am meisten* Who do you like **most**?	mostly: *gewöhnlich* We **mostly** travel by train.
short: *kurz* He read a **short** poem.	short: *kurz* They cut their holiday **short**.	shortly: *bald, in Kürze* They'll arrive **shortly**.

Adjektiv-Paarungen

Gibt es zwei Adjektive zum selben Wortstamm, beschreibt das Adjektiv auf **-ed** meist ein Ergebnis oder wie sich jemand fühlt, während das Adjektiv auf **-ing** oft eine Sache oder ein Ereignis näher beschreibt:

Sache/Ereignis **Ergebnis/Gefühl**

If something is **boring**, it makes you **bored**.

Weitere Beispiele sind:

amazing	*erstaunlich*	**amazed**	*erstaunt*
confusing	*verwirrend*	**confused**	*verwirrt*
disappointing	*enttäuschend*	**disappointed**	*enttäuscht*
exciting	*aufregend*	**excited**	*aufgeregt*
interesting	*interessant*	**interested**	*interessiert*

10 Bilden Sie die Pluralform der folgenden Wörter!

1. child ....
2. bus ....
3. house ....
4. roof ....
5. potato ....
6. lady ....
7. life ....
8. policeman ....

Lerntipp

Wenn Sie sich schwer tun, sich die Unterschiede zwischen sehr ähnlichen Wörtern zu merken, kann es hilfreich sein, sich ganze Sätze mit beiden Begriffen auszudenken und auswendig zu lernen: *I get bored playing board games, but my friends don't find it boring.*

11 Adjektiv oder Adverb? Wählen Sie die richtige Variante!

1. Please be quiet / quietly. The baby is sleeping next door.
2. He was serious / seriously injured in the accident.
3. I don't feel good / well tonight. I think I'm getting ill.
4. At the end of last month, I was absolute / absolutely broke.
5. He worked very hard / hardly for his exam.
6. The stew you made tastes very good / well.

12 Welche der Wörter haben keine Pluralform? Kreuzen Sie an!

1. ❒ furniture
2. ❒ kilo
3. ❒ sheep
4. ❒ advice
5. ❒ euro
6. ❒ audience
7. ❒ jeans
8. ❒ information

Achtung!

Auch das Adverb zu **fast** ist gleichlautend:
*He's got a **fast** car.*
*He drives very **fast**.*

13 Übersetzen Sie das Adjektiv!

1. She looked totally überrascht .... to see me at the party.
2. Running a marathon can be very erschöpfend ....
3. The film last night was langweilig ....
4. My new job is quite ermüdend ....
5. I wasn't interessiert .... in what he told me.
6. Queen Victoria said, "We are not amüsiert ...."

2.4 Präpositionen, Konjunktionen und Mengenangaben

Unterschiede bei der Verwendung von Präpositionen

Deutsche Präpositionen mit Hilfe ihrer vermeintlich formähnlichen Entsprechungen ins Englische zu übersetzen (z. B. *für* → *for*) produziert häufig Fehler. Vergleichen Sie:

anders ***als***	→ different **from**	
auf *dem Foto*	→ **in** the photo	They look happy **in** this photo.
interessiert ***an***	→ interested **in**	
gut sein ***in***	→ to be good **at** sth.	I'm good **at** Maths.
im *Internet*	→ **on** the internet	
im *Radio/TV*	→ **on** the radio/TV	
akzeptabel ***für***	→ acceptable **to**	Is this deadline acceptable **to** you?
typisch ***für***	→ typical **of**	Being late is so typical **of** her.
Symbol ***für***	→ symbol **of**	
grün ***vor*** *Neid*	→ green **with** envy	
beeindruckt ***von***	→ impressed **by**	I was impressed **by** her skills.
enttäuscht ***über***	→ disappointed **about/at**	
mit *jdm. reden*	→ to talk **to** sb.	

Daneben gibt es auch deutsche Ausdrücke ohne Präposition, die im Englischen eine Präposition benötigen – und umgekehrt:

etw. bezahlen	→ to pay **for** sth.
jdm. etw. rauben	→ to rob sb. **of** sth.
über *etw. diskutieren*	→ **to discuss sth.**
nach *Hause gehen*	→ **to go home**
eintreten ***in***	→ **to enter**

„to“ als Präposition vor Verben

Zum Gerund vgl. Kapitel 2.1.

Nach „to“ folgt nicht *immer* der Infinitiv. Denn „to“ ist auch eine echte Präposition, nach der in einigen Fällen ein Verb im **Gerund** folgt:

I am very much **looking forward to seeing** you.

Ähnliche Wendungen: to come **to** doing sth.
to be committed **to** doing sth.
to be/get used **to** doing sth.

Lerntipp

Präpositionen am besten immer als ganzen Ausdruck lernen, also zusammen mit dem jeweiligen Verb oder Substantiv, nicht das einzelne Wort.

Präpositionen der Zeit

Zunächst ein grober Überblick über die Verwendung der Präpositionen der Zeit:

at	genaue Uhrzeiten, Essenszeiten *(um, zum)*	**at** three o’clock, **at** breakfast
at	Wochenende, Feiertage *(am, an)*	**at** the weekend (UK), **at** Easter
in	Tageszeiten, Monate, Zeiträume *(am, in)*	**in** the evening, **in** two weeks
on	bestimmte Tage *(am)*	**on** 24 July, **on** Saturday morning

Bei Zeitangaben mit **day** und **eve** verwendet man **on**:

on Christmas Day, **on** New Year’s Eve.

Zwar sagt man **in the afternoon** und **at night**, doch wenn der Tag hinzukommt, ändert es sich wieder zu **on**:

on Sunday morning, **on** Friday night.

in time (= early enough)	*rechtzeitig*	I hope the train is **on time**; I want to be home **in time** for tea.
on time (= punctual)	*pünktlich*	

Eine häufige Fehlerquelle ist das deutsche *bis*, für das es mehrere Übersetzungen gibt:

by	*bis spätestens* bei Fristen und Zeitpunkten in der Zukunft	If we get to Bath **by** Saturday afternoon, we could stay there **until** Monday.
until	*bis* Zeitdauer allgemein	
so far/up to now	*bis jetzt*	**So far** everything is still quiet.

Präpositionen des Ortes und der Richtung

Die Präpositionen von Ort und Richtung sind etwas kniffliger. Hier gibt es mehrere, die so ähnlich sind, dass man genau unterscheiden muss:

at	*an, am (näher als* by *oder* near)	to stand **at** the bar
by	*in der Nähe, neben*	to wait **by** the phone
beside	*neben, an der Seite von*	to sit **next to**/**beside** sb.
next to	*(direkt) neben*	
close	*sehr nah*	to sit very **close** to sb.
near	*in der Nähe von* – allgemein	I live **near** Bristol Square.
nearby	*in der Nähe, unweit* – nah beim Sprecher	Do you live **nearby**?

above *oberhalb, oben, über* – Zustand, Position, Temperatur (Gegenteil: **below**)
over *hinüber, über* – mit Bewegung, Zustand und abstrakt (Gegenteil: **under**)

My brother lives in the flat **above** mine.
The plane is flying **over** the city.
I've been sitting **over** my homework for more than two hours.

below	*unten, unter* – Zustand, Position, Temperatur (Gegenteil: **above**)
under	*unter, unterhalb* – Bewegung, Zustand und abstrakt (Gegenteil: **over**)
underneath	*direkt unterhalb* (und bedeckt oder versteckt)
beneath	formal für *unter, unterhalb* – auch Position und abstrakt

A couple was kissing right **below** my hotel window, **underneath** a tree.
He was wearing only a T-shirt **under** his jacket, but it was **below** zero.
Don't let those idiots annoy you. They are way **beneath** you.

past	*vorbei (an), hinter*
along	*längs, entlang von*

On my way to work, I go **past** the post office.
There were shops **along** both sides of the street.

between	*(da)zwischen* – zwischen zwei Dingen oder Personen
among	*inmitten, zwischen, mitten unter* – innerhalb einer Gruppe

Jacky was standing **between** her husband and her brother.
She was the only one **among** us who came from a rich family.

in	Ort: *in, im*	
into	Richtung: *in ... hinein*	
inside	*innerhalb (von), hinein*	(Gegenteil: **outside**)
indoors	in ein(em) Gebäude: *hinein, drinnen*	(Gegenteil: **outdoors**)

I put the milk back **into** the fridge when I was **in** the kitchen.
I want to stay **indoors** today, and the kids will come **inside** if it rains.

at the top	*oben, obenauf, an der Spitze*
on the top	*auf dem höchsten von etwas*
on top (of)	*auf etwas oben drauf*

The date is right **at the top** of the letter.
There is icing **on top of** the cake that's **on the top** shelf of the fridge.

at the back *allgem. hinten*
on the back *auf dem Rücken/der Rückseite*
in the back *in den Rücken, auf dem Rücksitz*

I found my old watch **at the back** of the cupboard.
Sue was shot **in the back,** while Tim was saved by the bag **on his back.**
Sitting **in the back** of the taxi, she wrote her address **on the back** of an old receipt.

Konjunktionen

Konjunktionen (Bindewörter) leiten Nebensätze ein und bestimmen ihre Sinnrichtung. Einige der Konjunktionen haben jedoch mehrere Richtungen. Diese lassen sich bei genauem Hinsehen gut auseinanderhalten:

as	• zeitlich: *als*	I watched him **as** he got ready to leave.
	• ursächlich: *weil, da*	I stopped reading **as** I had to make dinner.
since	• zeitlich: *seit*	I haven't seen her **since** she moved out.
	• ursächlich: *weil, da*	**Since** I don't know her, I won't invite her.
because	• ursächlich: *weil, da*	She moved out **because** she found a new job.
if	• bedingend: *wenn, falls*	**If** I see her again, I'll tell her the truth.
	• bedingend: *(immer) wenn*	**If** metal gets hot it expands.
	• indirekte Frage: *ob*	I don't know **if** she'll ever come back.
when	• zeitlich: *als*	I was out shopping **when** you called.
	• zeitlich: *während, wenn*	I always sing **when** I do the dishes.
	• zeitlich, bedingend: *sobald*	**When** it stops raining, I'll go jogging.

Mehr zu den if-Sätzen finden Sie in Kapitel 2.5.

Achtung!

Verwechseln Sie nicht **when(ever)** *(immer) wenn* mit **while** *(während)*:

I always listen to music **when** I go jogging.

I always listen to music **while** I am jogging.

Bei indirekten Fragen kann man für *ob* neben **if** oft auch **whether** verwenden. **Whether** ist förmlicher, wird nach Verben wie **to discuss, to consider** oder **to decide** verwendet sowie in Fragen mit **or:**

I asked **if/whether** you know anything about the matter.

We **discussed whethe**r we should get the police involved.

I don't know **whether** they'll listen to me **or** think it's a waste of time.

Wussten Sie schon?

Die Verneinung von **if** heißt entweder **if … not** oder **unless** *(außer, es sei denn)*: **Unless** wird nur dann verwendet, wenn eine Handlung in der Zukunft möglich ist oder ein Zustand wahr ist.

Katy wouldn't tell lies **unless** she had to.

= Katy wouldn't tell lies **if** she **didn't** have to.

= Katy would **only** tell lies **if** she had to.

although • *obwohl, wenngleich*
• einräumend: *aber, jedoch*

Although it was sunny, it wasn't warm.

I didn't like her, **although** I never told her that.

even though • einräumend: *auch wenn, obwohl*

Even though she was quite annoying at times, I liked her.

Mengenangaben

some	*einige, etwas*	– positive Sätze, höfliche Fragen
any	*einige, etwas*	– negative Sätze, Fragen

Could you bring **some** potatoes from the market? We don't have **any** left.
Have you got **any** more beer in the fridge?

much	*viel*	– vor Einzahl, Unzählbarem, wie time, money usw.
many	*viele*	– vor Mehrzahl, Zählbarem, wie people, books usw.
a lot/lots of	*viel/viele*	– Zähl- und Unzählbares

How **many** guests are coming? There isn't **much** more room in the pub!
We get **a lot of** emails every day and it takes **lots of** time to answer them.

little	*wenig*	**a little**	*etwas, ein bisschen*	– Unzählbares
few	*wenige*	**a few**	*einige*	– Zählbares

I got very **little** sleep last night, so I am **a little** tired today.
Very **few** people know Latin, but everyone knows **a few** Latin words.

each	*jede(r,s)*	– Betonung auf Singularität und Getrenntheit
every	*jede(r,s)*	– Betonung auf Gruppenzugehörigkeit

We play the lottery **every** week, and last week my wife and I won £50 **each**.

all	*alle, alles, jeder, ganz*	
everything	*alles*	– Handlungen oder Dinge (nur als Subjekt oder Objekt)

He lost **all** his money gambling. /
All my children went to college.
I'm happy – I have **everything** I need.

Achtung!
Alles, was heißt **all that**, nicht ~~all what~~.

none	*keine(r) (von mehreren)*	**None** of my friends called.
nobody/no one	*niemand, keine(r,s)*	**Nobody/No one** knew what to do.

14 Übersetzen Sie die Zeitangaben!

1. im 18. Jahrhundert ....
2. am Sonntagnachmittag ....
3. um 7 Uhr ....
4. am 6. Dezember ....
5. zu Weihnachten ....
6. im Mai ....
7. zu Mittag ....
8. in drei Monaten ....

15 Unterstreichen Sie die richtige Alternative!

1. The plane is flying high over / above the clouds.
2. We all live beneath / below the same roof.
3. He was standing at the top / on the top of the stairs.
4. I got home just in time / on time for the beginning of the match.
5. The index is usually on the back / at the back of a book.
6. She means all / everything to me.

16 Übersetzen Sie die Sätze ins Englische und achten Sie auf die Präposition!

1. Er hatte ein Buch in jeder Hand.

....

2. Ich habe zehn Pfund unter der Matratze gefunden.

....

3. Sie wusste nicht, ob sie nach rechts oder links abbiegen musste.

....

4. Ich habe Janet getroffen, als ich aus dem Supermarkt kam.

....

5. Die Toiletten sind hinten.

....

17 Setzen Sie die passende Konjunktion ein!

as | if | when | while | unless

1. I have to get off the phone now .... I still have to get dressed.
2. You called .... I was having a shower.
3. I had just turned on the water .... the phone rang.
4. .... I had known it was you, I would have waited.
5. .... you call me to say you're not coming, I'll see you tonight.

2.5 Satzbau

Die normale Reihenfolge englischer Sätze ist wie im Deutschen:
Subjekt – Prädikat – Objekt, bzw. Orts- und Zeitangabe:

I'm staying at Tower Hotel.

Im Englischen steht jedoch in der Regel die **Ortsangabe** *vor* der **Zeitangabe:**

I'm seeing her **in London** **on Friday morning.**

Vgl. Kapitel 2.3 zu Adverbien.

Stehen mehrere **Adverbien** hintereinander, so ist die Reihenfolge: **Art und Weise vor Ort vor Zeit (A-O-Z)** oder auch **manner – place – time:**

I was reading **quietly** **in my room** **last night.**

Merkhilfe

Bestimmte Zeitangaben stehen **vor** unbestimmten:
Let's meet at 10 p.m. on Friday.

Vor dem Vollverb stehen:

- **Hilfsverben:** *can, could, must, will* usw. — She **couldn't** help me.
- **Adverbien:** die ein Verb beschreiben — She **narrowly** escaped injury.
- **Unbestimmte Zeitangaben:** *always, never* usw. — She **never** called me back.

Achtung!

Adverbien, die ein Verb beschreiben, können auch nach dem Verb oder Objekt stehen, aber nicht – wie im Deutschen – zwischen beiden:
She slept **peacefully**. / He opened the door **carefully**.

Adverbien der Art und Weise stehen in der Regel vor dem Verb, Adjektiv oder Adverb, auf das sie sich beziehen: She speaks Russian **quite** fluently.

Inversion

Inversion heißt, dass die normale Wortstellung vertauscht wird und das Prädikat vor dem Subjekt steht, was im Englischen jedoch eher selten vorkommt. In Aussagesätzen dient die Inversion der Hervorhebung eines Satzteils. Bei Fragen und Ausrufen erfolgt die Inversion wie im Deutschen:

The door opened and **in came** **our teacher.**

Can **I speak** to Jeffrey, please?

Wichtig ist, dass die Inversion nach adverbialen Bestimmungen und negativen Ausdrücken, z. B. *hardly, under no circumstances, no sooner ... than, not for one moment, only after/when, never, rarely* und *seldom*, erfolgt.
Häufig stehen diese am Anfang eines Satzes:

In front of the old tree **stood a man** holding an axe.

Under no circumstances **would I wear** white socks.

Relativsätze

Die englischen Relativpronomen sind:

who(m)	– für Personen	**which**	– für Dinge
that	– für Personen und Dinge	**whose**	– für Personen (und oft Dinge)

Steht **who(m)** mit einer Präposition *(to, from, with)*, so gibt es zwei Platzierungen:

This is the couple with whom I went out last night. *(formal)*

This is the couple who I went out with last night. *(eher mündlich)*

Der zweite Satz ist gesprochenes Englisch. Das **m** von **whom** wird weggelassen.

Wendungen wie „von denen zwei/viele/alle" usw. werden so ausgedrückt:

I've got three children, two/all of whom live in Wales.

We received 50 emails, many/most of which were spam.

Merkhilfe

Whom und **which** bei Komma; **them** bei Punkt.
I've got five cars, two of which are red.
I've got five cars. Two of them are red.

Zur Zeichensetzung vgl. auch Kapitel 3.3.

Achten Sie bei Relativsätzen auf die Zeichensetzung: Wenn der Relativsatz das Subjekt näher bestimmt, dann stehen ***keine*** Kommata. Bei einem bestimmenden Relativsatz kann man *die/der/dasjenige* hinzudenken:

My aunt, who lives in New York, is an English teacher. *(Nur eine Tante.)*
My aunt who lives in New York is an English teacher. *(Bestimmend: mehrere Tanten, diejenige in New York ist Englischlehrerin.)*

Indirekte Rede

In der englischen indirekten Rede werden die Sätze *nicht* in den Konjunktiv gesetzt, sondern eine Zeitstufe in die Vergangenheit. Allerdings nur dann, wenn das „reporting verb“ (meist *said*) im Past Simple steht:

direkte Rede		indirekte Rede
Present Simple “We **play** chess every day.”	→ →	**Past Simple** He said they **played** chess every day.
Present Progressive “We **are playing** chess.”	→ →	**Past Progressive** He said they **were playing** chess.
Present Perfect Simple “We **have played** chess since May.”	→ →	**Past Perfect Simple** He said they **had played** chess since May.
Past Simple “We **played** chess.”	→ →	**Past Perfect Simple oder Past Simple** He said they **(had) played** chess.
Past Progressive “We **were playing** chess for ten minutes.”	→ →	**Past Perfect Progressive** He said they **had been playing** tennis for ten minutes.

Die **Hilfsverben** ändern sich bei indirekter Rede in der Vergangenheit entsprechend:

can → could		will/shall → would	
may → might		must → must, had to	
shall → should		could → had been able to	
is/are going to → was/were going to			

Limerick

"Croak!" said the toad. "I'm hungry, I think." –
He said he had nothing to eat or to drink.

If-Sätze

If-Sätze (Bedingungssätze) drücken häufig Wünsche oder (unwahrscheinliche) Möglichkeiten aus sowie unter welchen Bedingungen etwas geschieht. Im If-Satz steht dabei immer die Bedingung, im Hauptsatz die Folge:

Realer Bedingungssatz – *Was ist, wenn ... :*

If-Satz: Present Simple – **Hauptsatz:** will + Infinitiv

If you **give** a dog a bone, it **will** wag its tail.

*Wenn du einem Hund einen Knochen **gibst, wedelt** er mit dem Schwanz.*

Für Gegenwärtiges oder Zukünftiges – *Was wäre, wenn ... :*

If-Satz: Past Simple – **Hauptsatz:** would + Infinitiv

If I **won** the lottery, I **would buy** a house.

*Wenn ich in der Lotterie **gewinnen würde, würde** ich ein Haus **kaufen**.*

Für Vergangenes – *Was wäre gewesen, wenn ... :*

If-Satz: Past Perfect – **Hauptsatz:** would + have + Past Participle

If I **had won** the lottery, I **would have bought** a house.

*Wenn ich in der Lotterie **gewonnen hätte, hätte** ich ein Haus **gekauft**.*

Merkhilfe

Bei **if** kein **would**! Das Wort **would** darf *nur* im Hauptsatz stehen.
Ausnahme: Bei Bitten oder Forderungen kann im **if-Satz** ein **would** stehen:
Mary, open the door **if** you **would** be so kind. It's too hot in here.

Partizipialsätze

Partizipialsätze sind die Highlights des englischen Satzbaus! Diese Konstruktion ist sehr elegant und wird häufig verwendet, um Wiederholungen zu vermeiden:

I saw two boys **talking** to each other.
(***Anstatt:*** I saw two boys. They were talking to each other.)

Das Partizip auf **-ing** drückt Gleichzeitigkeit aus, während das Partizip auf **-ed** in der Regel Vorzeitigkeit ausdrückt. Beide verkürzen den Satz und machen die Verwendung von Relativkonstruktionen überflüssig.

Gleichzeitigkeit	We walked along the path ~~that was~~ **leading** down to the river. I met Tim ~~who was~~ sitting in a café ~~and was~~ **reading** a book.
Vorzeitigkeit	The man ~~who was~~ **arrested** last night has been released on bail. The police discovered a painting ~~that had been~~ **hidden** in a barn.

Das Partizip kann auch am Anfang des Satzes stehen:

Feeling tired, I went home.
Not knowing which way to go, I asked a lady walking her dog.

Merkhilfe

Das Partizip bezieht sich immer auf das Substantiv, das ihm am nächsten steht.
Vgl.: **Jogging** along the river, I met my old friend Dan. *(Ich joggte.)*
I met my old friend Dan **jogging** along the river. *(Dan joggte.)*

18 Fügen Sie das Adverb an der richtigen Stelle ein!

1. She opened .... the parcel .... **carefully**
2. You must .... check the machine .... **every day**
3. I .... get .... home from work at 6 p.m. **usually**
4. She's flying .... next week .... **to New York**

19 In welchen Sätzen erfolgt eine Inversion?

1. Scarcely the game had begun / had the game begun when it started to rain.
2. If only I had / had I more time to read, I would make a start on *Middlemarch*.
3. No sooner he had / had he turned on the TV than the phone rang.
4. After dinner we all walked / walked all we home through the park.

20 Setzen Sie die Sätze in die indirekte Rede!

1. "I'm in my room watching TV," he said.

   ....

2. "Dad has just finished reading the paper," Mum said.

   ....

3. "Emma will take the Tube to the airport," Ben said.

   ....

21 Bilden Sie If-Sätze!

1. If I to be .... a famous film star, I would live in Beverly Hills.

2. I to have .... called him if he had given me his number.

3. If Jim weren't on holiday, I to invite .... him.

4. Randy would buy a new car if he to have .... more money.

Wussten Sie schon?

Ein If-Satz kann vor oder nach dem Hauptsatz stehen. Steht er vor dem Hauptsatz, setzt man ein **Komma**, ansonsten nicht:

If you give a dog a bone**,** it **will** wag its tail.
A dog will wag its tail if you give it a bone.

22 Bilden Sie Partizipialkonstruktionen!

1. Jessy is in her room. She's listening to music.

....

2. I met Mike the other day. He was riding his bike through the park.

....

3. I felt hungry. I bought a Chinese takeaway.

....

4. The man who was trying to rob the bank was caught on CCTV.

....

5. The house that was destroyed by a tornado last spring has been rebuilt.

....

Typische Fehlerquellen in der Grammatik – kurz und knapp

Verben

Die **Verlaufs-** oder **ing-Form** wird immer dann verwendet, wenn eine Tätigkeit beschrieben wird, die zu einem bestimmten Zeitpunkt gerade abläuft, also nicht abgeschlossen ist.
Das **Gerund** ist eine substantivierte Verbform (ebenfalls auf **-ing**), die nach bestimmten Verben und fast immer nach Präpositionen verwendet wird.
Beachten Sie, dass das Englische weniger **reflexive Verben** kennt als das Deutsche, und lernen Sie die häufigsten **unregelmäßigen Verben** auswendig.

Zeiten

Stellen Sie sich beim **Present Perfect** eine Brücke zwischen der Vergangenheit und der Gegenwart vor. Tätigkeiten und Zustände, die in der Vergangenheit angefangen haben und in der Gegenwart noch anhalten oder erst vor kurzem abgeschlossen wurden, benötigen diese Zeitform.
Achten Sie darauf, das deutsche **Perfekt** nicht unreflektiert ins Englische zu übersetzen.
Das **Past Simple** steht für alles, was in der Vergangenheit abgeschlossen wurde und keine Beziehung mehr zur Gegenwart hat. Das **Past Perfect** drückt die Vorzeitigkeit vor anderen Tätigkeiten und Zuständen aus.

She had been living in Berlin before she settled in London.

Bei den vielen Möglichkeiten, Zukünftiges auszudrücken, sollte man im Kopf behalten, dass das **Going-to Future** für konkrete Pläne, Absichten und unmittelbar Bevorstehendes verwendet wird, während das **Will Future** vor allem bei allgemeinen oder unsicheren Vorhersagen und spontanen Reaktionen Anwendung findet.

I'm going to visit my aunt tomorrow, but I'm not sure whether Tom will come as well.

Substantive, Adjektive und Adverbien

Achten Sie bei der Pluralbildung auf die zahlreichen Ausnahmen! Eine ganze Reihe von Substantiven wie *advice, evidence* oder *work* haben keine Pluralform, die **Paarwörter** wie *glasses* oder *shorts* haben dagegen keine Singularform, andere werden wie *audience* oder *staff* als Kollektivsubstantiv angesehen.
Verwechseln Sie nicht **Adjektive** mit **Adverbien** – suchen Sie immer das Bezugswort. Achten Sie auch auf solche Adverbien, die wie z. B. *hard* oder *late* selbst wie Adjektive aussehen. Und nicht jedes Wort mit der Endung **-ly** ist ein Adverb, wie die Beispiele *ugly* und *friendly* zeigen.

Präpositionen, Konjunktionen und Mengenangaben

Die unterschiedlichen Bedeutungen der englischen Präpositionen, Konjunktionen und Mengenangaben sollte man aufmerksam lernen – am besten als Teil eines Ausdrucks.

Satzbau

Der normale englische Satzbau ist **Subjekt-Prädikat-Objekt**; adverbiale Bestimmungen stehen meist in der Reihenfolge **Art-Ort-Zeit**. Ausnahmen in der Satzstellung sind im Englischen – anders als im Deutschen – selten; eine **Inversion** erfolgt vor allem nach negativen Ausdrücken.
Bei den **Relativsätzen** ist zu beachten, dass vor *who*, *which* oder *whose* **kein Komma** steht, wenn der Relativsatz das vorangehende Substantiv näher bestimmt. Vor *that* steht nie ein Komma – die folgende Information muss also immer näher bestimmend sein.
Steht bei der **indirekten Rede** das redeeinleitende Verb in der Vergangenheit, wird das Verb im Satz eine Zeitform in die Vergangenheit zurückversetzt.
Im **If-Satz** steht kein *would*. Achten Sie bei If-Sätzen immer auf den Zeitbezug.
Partizipialsätze sind häufig verkürzte Relativsätze, wobei das Partizip auf **-ing** Gleichzeitigkeit und das Partizip auf **-ed** meist Vorzeitigkeit ausdrückt.

Zwischentest Grammatik

1 Setzen Sie das Verb ins *Present Perfect* oder *Past Simple*!

1. He live .... in London for five years, then he moved to Scotland.

2. It rain .... for three days in a row now.

3. Have .... you .... breakfast yet?

4. We be .... together for ten years.

5. Why are you sweating? – I run ....

6. Jack buy .... a new car last week.

2 Übersetzen Sie die Passivsätze ins Englische!

1. Die Firma wurde 1902 gegründet. *(to establish)*

....

2. Mein Fahrrad ist gestohlen worden.

....

3. Das Badezimmer wird täglich gereinigt.

....

4. Das Gemälde wurde letzte Woche verkauft.

....

5. Die Fenster werden morgen früh geputzt.

....

3 Entscheiden Sie: *Gerund* oder Infinitiv?

1. You mustn't forget to call / calling Tom tonight.
2. Carol suggested to meet / meeting at the pub at eight.
3. We've never regretted to move / moving to the country.
4. I enjoy to lie / lying in the sun when I'm on holiday.

4 Adjektiv oder Adverb? Wählen Sie die richtige Übersetzung!

1. After running the half marathon, I was völlig .... exhausted.
2. Although he worked very hart ...., he was not promoted.
3. She knew überhaupt .... nothing about the matter.
4. When the fire broke out, everybody tried to remain ruhig ....
5. What he said to you was völliger .... nonsense.

5 Bilden Sie If-Sätze!

1. I join .... a health club if I had more time.
2. I would have sent her a postcard if I know .... her address.
3. If I study .... harder, I will pass the maths test.
4. I'd have more money if I not have .... to spend so much on books.

3. Aussprache und Rechtschreibung

3.1 Rechtschreibung

Mehr zu Homophonen in Kapitel 3.2.

Die englische Rechtschreibung kann auch Muttersprachler zur Verzweiflung treiben. Denn den 40 Lauten der englischen Sprache stehen ca. 200 unterschiedliche Schreibweisen gegenüber. Das ist machmal ziemlich verwirrend, hilft andererseits aber beim Lesen dabei, Wortbedeutungen klar zuordnen zu können. So kann man z. B. auf einen Blick das Verb *meet* vom gleichlautenden Substantiv *meat* unterscheiden.

Groß- und Kleinschreibung

Im Unterschied zum Deutschen werden englische Substantive in der Regel kleingeschrieben. Großgeschrieben werden nur:

- **Eigennamen, Ortsbezeichnungen** oder **Titel** (inklusive Buchtiteln usw.)

  After work, **Inspector Hudson** went shopping. *Eigenname*
  Aber: The **inspector** went shopping.
  The US president lives in the **White House**. *Eigenname*
  At the end our street there's a **white house**.

- **Nationalitäten, Regionen, Sprachen** und **Religionen**:

  I'm **Dutch** and was born in **Ireland**, but I speak **German**.
  I'm a **Christian**, but lately I've read a lot about **Buddhism**.

- **Tage, Monate** und **Feiertage**, nicht aber die Jahreszeiten *(spring, summer, autumn, winter)*:

  I'll see you again on **Monday**/in **April**.
  What are you doing on **New Year's Eve** this year?

Häufig falsch geschriebene Wörter

Wie im Wortschatz gibt es auch in der Rechtschreibung einige ***false friends***, deren Schreibweise man sich genau einprägen muss:

assistant	**assistance**	**calendar**
marmalade	**positive**	**reception**

Wörter mit ie und ei

Der lange Vokal [iː] wird normalerweise als **-ie-** geschrieben. Nach einem **c** jedoch dreht sich die Schreibweise zu **-ei-** um.

-ie-		-ei-	
to believe	*glauben*	ceiling	*Zimmerdecke*
chief	*Häuptling*	to deceive	*täuschen*
field	*Feld*	to receive	*empfangen*
grief	*Trauer*	receipt	*Quittung*

Merkhilfe

Write **i** before **e**, except after **c** or when sounding like **A** [eɪ], as in n**ei**ghbour or w**ei**gh!

Ausnahme: to seize *ergreifen*

Eine häufige Fehlerquelle sind auch die vielen **stummen Buchstaben**, die im Englischen nicht gesprochen werden:

Mehr zur Aussprache in Kapitel 3.2.

debt	**different**	**extraordinary**
interested	**medi(a)eval**	**wrong**

Und auch **doppelte Konsonanten** sollte man beim Schreiben nicht übersehen:

accommodation	beginning	commitment
embarrassed	immediately	necessary
occasionally	to occur	occurrence
to possess	success	successfully

Wussten Sie schon?

Da es im stets traditionsbewussten Großbritannien nie eine offizielle Rechtschreibfreform gab, spiegeln viele englische Schreibweisen historische Einflüsse oder längst veraltete Aussprachen wieder.

Einige **Verb-Substantiv-Paarungen** unterscheiden sich in der Schreibweise. Und auch die Aussprache ist teils unterschiedlich: Der Laut am Wortende ist bei den Verben dabei oft stimmhaft und beim zugehörigen Substantiv stimmlos:

Verb		Substantiv	
to license	*lizensieren*	**licence** (UK)	*Lizenz*
to practise (UK)	*üben*	**practice**	*Übung, Praxis*
to advise [əd'vaɪz]	*beraten*	**advice** [əd'vaɪs]	*Rat(schlag)*
to bathe [beɪð]	*baden*	**bath** [bɑːθ]	*Bad*
to breathe [briːð]	*atmen*	**breath** [breθ]	*Atem*
to believe [bɪ'liːv]	*glauben*	**belief** [bɪ'liːf]	*Glaube*
to grieve [griːv]	*trauern*	**grief** [griːf]	*Trauer*
to prove [pruːv]	*beweisen*	**proof** [pruːf]	*Beweis*

Zur Aussprache des th vgl. Kapitel 3.2.

Adjektive auf **-able** und **-ible** sind sehr leicht zu verwechseln, die Endung **-able** ist insgesamt häufiger.

-able		-ible	
available	*erhältlich, verfügbar*	**accessible**	*zugänglich*
lovable	*liebenswert*	**comprehensible**	*verständlich*
noticeable	*bemerkbar*	**incredible**	*unglaublich*
predictable	*vorhersehbar*	**plausible**	*glaubwürdig*
suitable	*passend, geeignet*	**responsible**	*verantwortlich*
unbelievable	*unglaublich*	**terrible**	*schrecklich*

Und hier einige besonders knifflige Wörter:

to acquire *erwerben, anschaffen* **conscious** *bewusst* **Wednesday** *Mittwoch*
diarrhoea (UK) [daɪə'rɪə] *Durchfall* **jewellery** (UK) *Schmuck* **leisure** *Freizeit*
deterioration [dɪtɪərɪə'reɪʃn] *Verschlechterung, Rückgang*
miscellaneous ['mɪsə'leɪnɪəs] *verschiedenartige, sonstige*

1 Wie schreibt man im britischen Englisch das zum jeweiligen Substantiv gehörende Verb?

1. bath ....

2. grief ....

3. proof ....

4. advice ....

5. breath ....

6. practice ....

Lerntipp

Lernen Sie die Rechtschreibung spielerisch: *spelling bee* heißt ein Wettbewerb, bei dem der gewinnt, der die meisten Wörter richtig buchstabieren kann.

2 Übersetzen Sie und lösen Sie das Kreuzworträtsel!

Across

1. notwendig

4. außergewöhnlich

5. Kalender

6. erfolgreich (Adj.)

7. sofort

Down

2. verlegen

3. Schmuck

3 Welche Schreibweise ist richtig?

1. The film's ending was so predictable / predictible.

2. I'm not responsable / responsible for your mistakes.

3. I can't believe / beleive that he's deceived / decieved me again!

4. I'm afraid this offer is no longer available / availible.

5. What she said was highly implausable / implausible.

Info

Groß schreibt man auch immer das Wort *ich* – **I**, nicht aber die anderen Personalpronomen – außer man redet von **Her Royal Highness**, der Queen.

4 Unterstreichen Sie die Wörter, die großgeschrieben werden!

1. Last monday i bought *the guardian* at a news stand.

2. He said that he didn't like chelsea; he was an arsenal fan.

3. On the night of october 19, a plane crashed in the canadian mountains.

4. hemingway wrote *the old man and the sea* at the age of 52.

5. president jackson has left on a trip to south america.

3.2 Aussprache

Das th

Das **th** bereitet vielen Lernern Probleme. Sie sollten es v. a. nicht als **s** aussprechen. Es gibt zwei Aussprachevarianten: eine stimmlose [θ] und eine stimmhafte [ð]. Beim stimmhaften, weichen **th** spürt man deutlich, dass die Stimmbänder im Kehlkopf vibrieren:

stimmlos [θ]
- meist am Wortanfang bei „Inhaltswörtern“ wie Verben und Substantiven: thought, thick, thorough, think
- im Wort oder am Wortende bei Substantiven: nothing, breath

stimmhaft [ð]
- am Anfang von „Funktionswörtern“ wie Pronomen, Artikeln und Konjunktionen: this, therefore, then, they, them
- häufig in der Mitte eines Wortes: mother, rather, weather
- am Wortende bei Verben: to breathe, to bathe

Zur unterschiedlichen Aussprache bei Verben und Substantiven vgl. Kapitel 3.1.

Homographen: Gleich geschrieben und doch unterschiedlich

Homographen sind Wörter, die gleich geschrieben werden aber verschiedene Bedeutungen haben. Im Englischen typisch sind Verb-Substantiv-Paare, bei denen die Aussprache zeigt, um welche Wortart es sich handelt. Bei den meisten wird das **Substantiv auf der ersten Silbe betont**, das zugehörige **Verb** aber **auf der zweiten Silbe**. Dadurch ändern sich teilweise auch Vokallaute.

Hier die häufigsten **Verb-Substantiv-Paare**:

Verb			Substantiv		
to contract	[kən'trækt]	*zusammenziehen*	**contract**	['kɒntrækt]	*Vertrag*
(to) content	[kən'tent]	*zufrieden (stellen)*	**content**	['kɒntent]	*Inhalt*
to contest	[kən'test]	*bestreiten*	**contest**	['kɒntest]	*Wettkampf*
to export	[ɪk'spɔːt]	*exportieren*	**export**	['ekspɔːt]	*Export*

Aussprache

to import	[ɪmˈpɔːt]	*importieren*	**import**	[ˈɪmpɔːt]	*Import*
to desert	[dɪˈzɜːt]	*desertieren*	**desert**	[ˈdezət]	*Wüste*
to increase	[ɪnˈkriːs]	*ansteigen*	**increase**	[ˈɪnkriːs]	*Anstieg*
to insult	[ɪnˈsʌlt]	*beleidigen*	**insult**	[ˈɪnsʌlt]	*Beleidigung*
to object	[əbˈdʒekt]	*widersprechen*	**object**	[ˈɒbdʒekt]	*Objekt*
to present	[prɪˈzent]	*präsentieren*	**present**	[ˈpreznt]	*Geschenk*
to project	[prəˈdʒekt]	*hochrechnen*	**project**	[ˈprɒdʒekt]	*Projekt*
to protest	[prəʊˈtest]	*protestieren*	**protest**	[ˈprəʊtest]	*Protest*
to record	[rɪˈkɔːd]	*aufzeichnen*	**record**	[ˈrekɔːd]	*Rekord, Aufnahme*
to refuse	[rɪˈfjuːz]	*verweigern*	**refuse**	[ˈrefjuːs]	*Abfall*
to subject	[səbˈdʒekt]	*unterwerfen*	**subject**	[ˈsʌbdʒɪkt]	*Subjekt, Thema*
to survey	[səˈveɪ]	*befragen, prüfen*	**survey**	[ˈsɜːveɪ]	*Umfrage, Studie*
to suspect	[səˈspekt]	*vermuten*	**suspect**	[ˈsʌspekt]	*Verdächtige(r)*
to update	[ʌpˈdeɪt]	*updaten*	**update**	[ˈʌpdeɪt]	*Update*

Auch bei einsilbigen Wörtern gibt es Homographe:

to close	[kləʊz]	*schließen, beenden*	**close**	[kləʊs]	*nah, eng*
to live	[lɪv]	*leben*	**live**	[laɪv]	*live*
to house	[haʊz]	*beherbergen*	**house**	[haʊs]	*Haus*
to read	[riːd]	*lesen*	**read**	[red]	*las, gelesen*
to use	[juːz]	*benutzen*	**use**	[juːs]	*Nutzen*
to bow	[baʊ]	*sich verbeugen*	**bow**	[baʊ]	*Verbeugung; Schiffsbug*
				[bəʊ]	*Bogen (Sport); Schleife*
to lead	[liːd]	*führen*	**lead**	[liːd]	*Führung*
				[led]	*Blei*

to row	[rəʊ]	*rudern*	**row**	[rəʊ]	*Reihe*
	[raʊ]	*streiten*		[raʊ]	*Streit, Krach*
to tear	[teə]	*(zer)reißen*	**tear**	[teə]	*Riss*
				[tɪə]	*Träne*
to wind	[waɪnd]	*aufwickeln*	**wind**	[wɪnd]	*Wind*
to wound	[wuːnd]	*verwunden*	**wound**	[wuːnd]	*Wunde*
				[waʊnd]	*gewickelt, gespult*

Homophone: gleich ausgesprochen, aber verschieden

Homophone sind Wörter mit unterschiedlicher Schreibweise und Bedeutung, aber gleicher Aussprache.
Achten Sie auf die Ähnlichkeiten der einzelnen Lautgruppen:

(to) buy	*Kauf, kaufen*	[baɪ]	**by; Bye!**	*durch, bis; Tschüss!*
to die	*sterben*	[daɪ]	**to dye**	*färben*
idle	*intätig, faul*	['aɪdl]	**idol**	*Idol*
isle	*Insel*	[aɪl]	**I'll**	*ich werde*
(to) brake	*Bremse; bremsen*	[breɪk]	**(to) break**	*Pause; brechen*
mail	*Post*	[meɪl]	**male**	*männlich*
waist	*Taille*	[weɪst]	**(to) waste**	*Abfall; verschwenden*
air	*Luft*	[eə]	**heir**	*Erbe, Erbin*
bare	*nackt, blank*	[beə]	**(to) bear**	*Bär; (er)tragen*
pair	*Paar*	[peə]	**pear**	*Birne*
their	*ihr*	[ðeə]	**they're; there**	*sie sind; da, dort*
to wear	*tragen*	[weə]	**where**	*wo*
weather	*Wetter*	['weðə]	**whether**	*ob*
to hear	*hören*	[hɪə]	**here**	*hier*
cereal	*Getreide, Müsli*	['sɪərɪəl]	**serial**	*Serie, Reihe*

flea	*Floh*	[fli:]	**to flee**	*fliehen*
meat	*Fleisch*	[mi:t]	**to meet**	*treffen*
pea	*Erbse*	[pi:]	**to pee**	*pinkeln*
sea	*Meer*	[si:]	**to see**	*sehen*
peace	*Friede*	[pi:s]	**piece**	*Stück*
one	*eins, ein(e)*	[wʌn]	**won**	*gewonnen*
son	*Sohn*	[sʌn]	**sun**	*Sonne*
some	*einige*	[sʌm]	**sum**	*Summe*
hour	*Stunde*	[aʊə]	**our**	*unser*
flour	*Mehl*	[ˈflaʊə]	**flower**	*Blume*
aloud	*laut*	[əˈlaʊd]	**allowed**	*erlaubt(e)*
it's	*es ist*	[ɪts]	**its**	*sein, ihr*
which	*welche/r/s*	[wɪtʃ]	**witch**	*Hexe*
to desert	*desertieren*	[dɪˈzɜ:t]	**dessert**	*Nachtisch*
currant	*Johannisbeere*	[ˈkʌrənt]	**current**	*aktuell*
hole	*Loch*	[həʊl]	**whole**	*ganz*
to know	*kennen, wissen*	[nəʊ]	**no**	*nein*
knew	*kannte, wusste*	[nju:]	**new**	*neu*
who's	*wer ist*	[hu:z]	**whose**	*wessen, dessen, deren*
would	*würde*	[wʊd]	**wood**	*Wald, Holz*
your	*dein, euer, Ihre*	[jɔ:]	**you're**	*du bist, sie/Sie sind*
board	*Brett*	[bɔ:d]	**bored**	*gelangweilt*

Stumme Buchstaben

Weil sich die Aussprache vieler Begriffe verändert hat, während die Schreibung gleich blieb, gibt es im Englischen viele Wörter, bei denen einzelne Buchstaben nicht ausgesprochen werden. Häufig bleibt in einer Kombination aus zwei Konsonanten einer stumm.

stummer Buchstabe	häufige Kombination	Beispiele
b	-mb, -bt	climb, doubt, numb, lamb, subtle, thumb
c	(-)sc	muscle, conscious, science, scissors
g	gn-, -gh, -gm	gnat, to gnaw, high, light, reign, phlegm
h	gh-, rh-, wh-	heir, honest, honour, ghost, rhyme, when, why
k	kn-	knife, knight, knock, knot, to know, knowledge
l	-lf, -lk, -lm, -ld	half, calm, chalk, folk, salmon, should, talk, would
n	-mn	autumn, column, to condemn, damn, solemn
p	pn-, ps-	coup, pneumonia, pseudo, psychology, psyche
s	-sl	aisle, debris, island, isle
t	-st(l), -iction	ballet, castle, Christmas, to listen, to whistle, fiction
u	-gu(e)	catalogue, colleague, guarantee, guest, guide, guitar
w	sw, wh-, wr-	answer, sword, two, who, whole, wrist, to write

Vgl. Kapitel 3.1 Rechtschreibung.

Aussprache der Wörter mit -ough und -augh

Hier die wichtigsten Fälle dieser besonders schwierigen Buchstabenfolgen:

[ɔː]	bought, caught, daughter, fought, taught, thought
[aʊ]	bough, drought
[əʊ]	although, though
[ə]	borough, thorough
[uː]	through
[ɒ]	(to) cough
[ʌf]	enough, rough, tough
[ɑːf]	draught (*auch* draft), (to) laugh

5 Welche der Wörter werden auf der ersten Silbe, welche auf der zweiten betont?

	1. Silbe	2. Silbe
1. a concert	❒	❒
2. to object	❒	❒
3. to protest	❒	❒
4. a suspect	❒	❒
5. an import	❒	❒
6. to increase	❒	❒
7. a permit	❒	❒

6 Welche der Wortpaare sind *nicht* gleichlautend?

1. ❒ sum / some

2. ❒ where / were

3. ❒ bear / bare

4. ❒ house / to house

5. ❒ which / witch

6. ❒ berry / bury

7. ❒ to wear / where

8. ❒ use / to use

7 Welche Buchstaben werden *nicht* gesprochen? Unterstreichen Sie!

1. column

2. knot

3. numb

4. reign

5. science

6. heir

7. whistle

8. guest

8 Ordnen Sie die Wörter ihrer Aussprache zu!

although bough bought caught daughter
draught drought enough laugh taught
thought through tough

1. [əʊ] ....
2. [uː] ....
3. [aʊ] ....
4. [ɔː] ....
....
5. [ɑːf] ....
6. [ʌf] ....

Lerntipp

Gönnen Sie sich nach jeder Lernphase eine kurze Pause.

9 Welches th wird stimmhaft, welches stimmlos ausgesprochen?

	stimmhaft [ð]	stimmlos [θ]
1. father	❒	❒
2. there	❒	❒
3. maths	❒	❒
4. everything	❒	❒

3.3 Zeichensetzung

Kommaregeln

Die englischen Kommaregeln sind im Grunde nicht schwer, nur an mehreren Stellen leider ganz anders als die deutschen. Kommata dienen v. a. dazu, Missverständnisse zu vermeiden. Wie wichtig es ist, die Kommaregeln zu beherrschen, zeigt folgendes lebensrettendes Beispiel:

Let's eat grandpa! *Lasst uns Opa essen!*
Let's eat, grandpa! *Lass uns essen, Opa!*

Relativsätze

Beispiele siehe Kapitel 2.5.

Die Kommasetzung bei Relativsätzen ist besonders wichtig, weil sie bedeutungsunterscheidend ist. Relativsätze mit **who** oder **which** werden nur dann mit Kommata vom übergeordneten Satz abgetrennt, wenn die Information im Relativsatz **nicht bestimmend** ist und also auch weggelassen werden könnte. Ist die Information für das Verständnis des Satzes aber wichtig und **bestimmend**, steht *kein* Komma:

My sister**, who lives in London,** is a doctor. *(es gibt nur eine)*
My sister **who lives in London** is a doctor. *(diejenige, die in London wohnt)*

Kein Komma vor Nebensatzeinleitungen

Ein Nebensatz wird in der Regel nur dann vom Hauptsatz mit einem Komma abgetrennt, wenn er im Satzgefüge vorn steht. Folgt er dem Hauptsatz (HS), dann wird *kein* Komma vor den Nebensatz (NS) gesetzt, auch nicht vor **that**, **if** und **because**:

She told me **(that)** she was having a party on Saturday.	*HS vor NS*
Aber: She was having a party on Saturday, she said.	*NS vor HS*
I would have called you **if** I had known your number.	*HS vor NS*
Aber: **If** I had known your number, I would have called you.	*NS vor HS*
He couldn't go to the picnic **because** he fell ill.	*HS vor NS*
Aber: **Because** he fell ill, he couldn't go to the picnic.	*NS vor HS*

Merkhilfe

Vor einer indirekten Rede mit **that** steht *kein* Komma:
People have been telling me **that** I was making a lot of progress.

Komma vor und nach Einschüben und Anreden

Alle Arten von Zusatzinformationen, Einschüben, Anreden oder Unterbrechungen sollten mit Kommata abgetrennt werden, ganz gleich, wo sie im Satzgefüge stehen:

My sister, **a smart and attractive woman,** married a lawyer.	*Einschub*
Never known for his generosity, he left without tipping.	*Zusatzinfo*
Listen, **Peter,** I have to tell you something about your girlfriend.	*Anrede*
His brother, **Matthew,** ate ten burgers.	*Zusatzinfo*

Um Missverständnisse zu vermeiden, *kann* ein Komma gesetzt werden:

The coach beat the player with a bat.

– Hat der Trainer den Spieler mit einem Baseballschläger verhauen oder verhaut er denjenigen Spieler, der einen Schläger hat?

The coach beat the player, with a bat.

– Das Komma zeigt, dass es der Trainer ist, der mit einem Baseballschläger den Spieler schlägt.

Datum, Zahlen, Adressen

Bei einem Datum mit Wochentag trennt man das Datum ab:

On Tuesday, **27 May 2014**, the police were informed that...

Vgl. auch Kapitel 1.4.

Achtung!

Bei Zahlen werden die Trennzeichen Punkt und Komma im Deutschen und Englischen genau umgekehrt verwendet:

1.5 litres	=	1,5 Liter
445,000 euros	=	445.000 Euro

Bei Adressen steht kein Komma; bei amerikanischen kann man den Zweibuchstabencode für den Bundesstaat von der Stadt abtrennen. Steht der Code in einem fortlaufenden Satz, so werden Kommata eingefügt:

5225 Bellevue Ave.	oder:	5225 BELLVUE AVE.
Syracuse, **NY,** 13216		SYRACUSE NY 13216

Lerntipp

Statt des sturen Auswendiglernens arbeiten Sie die Lerninhalte um, bringen Sie sie in eine visuelle Form und bauen Sie Eselsbrücken.

10 Fügen sie alle notwendigen Kommata ein!

1. After all that had happened we were not really interested in what he told us.
2. Jenny who has three children has a part-time job in a supermarket.
3. My father however thinks that my decision was wrong.
4. You do speak Spanish right?
5. We spent the weekend in the most charming little hotel in the mountains.
6. My brother went home early because he was very tired.

11 Übersetzen Sie die Sätze ins Englische und beachten Sie die Kommasetzung!

1. Ich war gerade auf dem Weg nach Hause, als ich den Einbrecher sah.

   ....

2. Bedauerlicherweise habe ich vergessen Brot zu kaufen.

   ....

3. Mein Bruder ist zu einer Party gegangen, aber ich bin zu Hause geblieben.

   ....

4. Robert sagte mir gestern, dass er sich nicht wohl fühle.

   ....

5. Du bist in Australien geboren worden, nicht wahr?

   ....

6. Wenn meine Eltern in die USA gezogen wären, würde ich jetzt dort wohnen.

   ....

Typische Fehler in Aussprache und Rechtschreibung – kurz und knapp

Rechtschreibung

Aufgrund der komplexen Geschichte der englischen Sprache ist die Rechtschreibung nicht einfach zu beherrschen. Für fast jeden Laut gibt es verschiedene Schreibweisen – prägen Sie sich die Schreibweise also gleich beim Vokabellernen ein. Viele Muttersprachler machen auch Fehler, also verlieren Sie nicht den Mut!

Groß- und Kleinschreibung

Man schreibt im Englischen alles klein bis auf Satzanfänge, Eigennamen, Länderadjektive sowie das Personalpronomen I.

Aussprache

Bei vielen Lauten ist die Aussprache ähnlich zum Deutschen. Achten Sie auf:

– das „th"

Nie als „s" aussprechen und stimmloses und stimmhaftes **th** unterscheiden.

– Homophone und **Homographen**

Prägen Sie sich gleichlautende und gleich geschriebene Wörter besonders ein, um Verwechslungen zu vermeiden. Oft sind es häufig verwendete Begriffe wie **sun** und **son**. Werden Verb und Substantiv gleich geschrieben, betont man das Verb hinten und das Substantiv vorn.

– Stumme Buchstaben

Einige Konsonantenkombinationen bewirken, dass ein Laut verschluckt wird.

Hauptunterschiede zur deutschen Kommasetzung:

1. Bestimmende Relativsätze dürfen *nicht* mit Kommata abgetrennt werden
2. Vor Nebensätzen steht *kein* Komma, wenn der Hauptsatz vorangeht
3. Kommata sollen v. a. helfen, Missverständnisse zu vermeiden

Zwischentest Aussprache und Rechtschreibung

1 Kreuzen Sie die richtige Schreibweise an!

1. ❒ necessary ❒ neccessary ❒ neccesary
2. ❒ marmalaid ❒ marmelade ❒ marmalade
3. ❒ assistant ❒ assistent ❒ assisstant
4. ❒ to receave ❒ to receive ❒ to recieve
5. ❒ Wendsday ❒ Wensday ❒ Wednesday
6. ❒ successfull ❒ successful ❒ succesful
7. ❒ ceiling ❒ ceeling ❒ cieling
8. ❒ calender ❒ calendar ❒ calander

2 Stimmloses oder stimmhaftes th? Ordnen Sie die Begriffe zu!

there father death thirty thunder to think
them anything their to breathe

Stimmlos [θ]	Stimmhaft [ð]
....	....
....	....
....	....
....	....

3 Welcher w-Laut ist *nicht* stumm? Unterstreichen Sie!

answer sword two wry to write whole

wreck wrinkle wrong wrist

4 Welche Wörter schreibt man *immer* groß?

	ja	nein
1. Tages- und Monatsnamen	❐	❐
2. Religionen	❐	❐
3. Substantive	❐	❐
4. Jahreszeiten	❐	❐
5. Ländernamen in der Adjektivform	❐	❐
6. Namen von Flüssen und Bergen	❐	❐

5 Setzen Sie die notwendigen Kommata!

1. If my boss rings tell her I'm not at home.

2. He told me that he hadn't finished reading the novel yet.

3. She's gone to the store to buy potatoes carrots and some milk.

4. My friend Jackie who got married in May has moved to Dublin with her husband.

5. Our neighbours won £125000 in the lottery last year.

6. The woman I saw yesterday at the post office is my son's English teacher.

7. Unfortunately we didn't win the race.

8. Winston Churchill was born on 30 November 1874.

4. Britisch oder Amerikanisch?

Unterschiede in Wortschatz und Rechtschreibung

Schon Oscar Wilde stellte mit typisch britischem Humor fest: „*We have really everything in common with America nowadays, except, of course, language.*“
So groß sind die Unterschiede zwischen britischem und amerikanischem Englisch natürlich nicht, aber dennoch gibt es neben der unterschiedlichen Aussprache auch bei Rechtschreibung, Wortschatz und Grammatik einige wichtige Punkte zu beachten, um Fehler zu vermeiden.

Hier zunächst die häufigsten Unterschiede im **Wortschatz**:

Britisch		Amerikanisch
aubergine	*Aubergine*	eggplant
autumn	*Herbst*	fall
bill	*Rechnung*	check *(Restaurant)*, bill
biscuit	*Keks*	cookie
bonnet	*Motorhaube*	hood
boot	*Kofferraum*	trunk
car park	*Parkplatz*	parking lot
chips	*Pommes frites*	French fries
cinema	*Kino*	movie theater
courgette	*Zucchini*	zucchini
crisps	*Chips*	chips
crossroads	*Kreuzung*	intersection, junction
driving licence	*Führerschein*	driver's license
dustbin	*Mülleimer*	garbage can, trash can
film	*Kinofilm*	movie
flat	*Wohnung*	apartment
football	*Fußball*	soccer
American football	*Football*	football
ground floor	*Erdgeschoss*	first floor

holiday	*Ferien*	vacation
jumper	*Sweater, Pullover*	sweater
lift	*Aufzug*	elevator
lorry	*LKW*	truck
luggage	*Gepäck*	baggage
mobile (phone)	*Handy*	cell(phone)
motorway	*Autobahn*	freeway, interstate
pavement	*Bürgersteig*	sidewalk
petrol	*Benzin*	gas
post	*Post*	mail
post code	*Postleitzahl*	zip code
queue	*(Menschen)schlange*	line
railway	*Eisenbahn*	railroad
roundabout	*Kreisel, Kreisverkehr*	traffic circle
rubber	*Radiergummi*	eraser
rubbish	*Müll*	garbage, trash
shop	*Laden*	store
tap	*Wasserhahn*	faucet
tin	*Dose*	can
toilet(s)	*Toilette(n)*	bathroom, restroom
torch	*Taschenlampe*	flashlight
trousers	*Hose*	pants
underground	*U-Bahn*	subway

Info

Auch viele Sprichwörter sind unterschiedlich, z. B. sagen die Briten **Touch wood!** um Pech abzuwenden. Jenseits des Atlantiks heißt es **Knock on wood!**

Unterschiede in Wortschatz und Rechtschreibung

Und nun noch ein paar gängige Phrasen, die eher auf der einen oder anderen Seite des Atlantiks gebräuchlich sind. Es ist vor allem der Gebrauch der Präpositionen, der sich nicht selten unterscheidet:

Britisch		Amerikanisch
at the weekend	*am Wochenende*	**on** the weekend
in the street	*auf der Straße*	**on** the street
different from/**to**	*sich unterscheiden von*	different from/**than**
to **ring** sb. **on**	*jdn. anrufen unter*	to **call** sb. **at**
to fill **in** a form	*ausfüllen*	to fill **out** a form
to be/stay **at home**	*zu Hause bleiben*	to be/stay **home**
to write **to** sb.	*jdm. schreiben*	to write sb.
to **have** a bath	*ein Bad nehmen*	to **take** a bath
to get (got, **got**)	*bekommen usw.*	to get (got, **gotten**)
quarter **past** 12	*Viertel nach 12*	**a** quarter **after** 12
half an hour	*eine halbe Stunde*	**a half** hour

Merkhilfe

Get / got / gotten – natürlich auch alle *Phrasal Verbs*:
to get around, to get off, to get on, to get into, to get up usw.
Sorry, I haven't **gotten** around to calling your brother yet.

Auch in der **Rechtschreibung** gilt es, einige typische Varianten zu beachten:

Britisch	Amerikanisch	
-our	-or	behaviour/behavior, colour/color, favourite/favorite
-re	-er	centre/center, metre/meter, theatre/theater
-ce	-se	defence/defense, offence/offense
-ll-	-l-	cancelled/canceled, travelling/traveling
-l-	-ll-	fulfil/fulfill, instalment/installment, skilful/skillful
-gue	-g	catalogue/catalog, dialogue/dialog

Und einige Wörter werden in den USA anders geschrieben:

Britisch		Amerikan.	Britisch		Amerikan.
analyse	*analysieren*	analyze	plough	*Pflug*	plow
cheque	*Rechnung*	check	to practise	*üben*	to practice
draught	*(Luft)zug*	draft	programme	*Programm*	program
grey	*grau*	gray	pyjamas	*Schlafanzug*	pajamas
kerb	*Bordstein*	curb	tyre	*Reifen*	tire

Die wichtigsten Unterschiede in Aussprache und Grammatik

[r] Im Amerikanischen wird jedes geschriebene r ausgesprochen, im Britischen nur direkt vor einem Vokallaut, z. B. **turn:** US [tɜ:rn], UK [tɜ:n].

	Britisch	Amerikanisch		Britisch	Amerikanisch
	[ɑ:]	[æ]		[ju:]	[u:]
last	[lɑ:st]	[læst]	**new**	[nju:]	[nu:]
after	[ˈɑ:ftə]	[ˈæftər]	**student**	[ˈstju:dənt]	[ˈstu:dənt]

Grammatik

Das *Present Perfect* wird in Amerika seltener gebraucht. Wenn das Ergebnis einer abgeschlossenen Handlung wichtig ist, verwendet man im britischen Englisch das *Present Pefect* (**I've just cleaned my car**), um das Resultat hervorzuheben, im Amerikanischen jedoch das *Past Simple* (**I just cleaned my car**), da die Handlung in der Vergangenheit liegt.

Ebenso auffallend ist das Verschwinden der **Adverbien** im Amerikanischen. **Drive slow** (statt *slowly*) findet man sogar auf Verkehrsschildern. Es ist also naheliegend, wenn die Steigerung von **slow** hier **slower** heißt und nicht **more slowly** wie im britischen Englisch.

1 Übersetzen Sie den britischen Begriff ins Amerikanische!

1. lorry ……………………
2. chips ……………………
3. cinema ……………………
4. trousers ……………………
5. bonnet ……………………
6. rubber ……………………
7. petrol ……………………
8. post code ……………………

2 Geben Sie die Begriffe in der britischen Schreibweise wieder!

1. honor ……………………
2. analyze ……………………
3. traveling ……………………
4. license ……………………
5. pajamas ……………………
6. gray ……………………
7. dialog ……………………
8. plow ……………………

3 Welcher Begriff ist britisch, welcher amerikanisch?

	britisch	amerikanisch
1. soccer	❒	❒
2. driving licence	❒	❒
3. neighborhood	❒	❒
4. jewelry	❒	❒
5. postbox	❒	❒
6. tire	❒	❒

Lerntipp

Viele Online-Wörterbücher bieten die Möglichkeit, die britische wie die amerikanische Aussprache anzuhören und nachzusprechen.

5. Anhang

5.1 Abschlusstest

1 Übersetzen Sie die folgenden Wörter ins Deutsche!

1. to swear ....

2. hose ....

3. photograph ....

4. gift ....

5. brave ....

6. receipt ....

7. murder ....

8. pregnant ....

9. hut ....

10. chef ....

11. dome ....

12. sensible ....

2 Setzen Sie die passende Zeitform (+ Pronomen, falls notwendig) ein!

1. A: I'm looking for Janette. see .... her?

B: Yes, she was here a moment ago but has gone to the cafeteria.

2. A: Why go .... to bed so early last night?

B: I wasn't feeling well.

3. A: Where go ....?

B: Just to the post office. I'll be back in a few minutes.

4. A: How was your holiday? have .... a nice time?

B: Yes, thanks. It was great.

5. Can you describe the man you saw? What wear ....?

3 Welches Relativpronomen ist richtig?

1. The woman who / which lives upstairs has got a dog that barks a lot.
2. My car, which / that was parked in front of the house, has been stolen.
3. I've spent the day in the park, what / which, I think, was a good idea.
4. I can't find the T-shirt which / that I bought yesterday.
5. I can't give you something what / — I don't have.
6. I'll have to drive home at night, what / which makes me a little nervous.

4 Übersetzen Sie die Passivsätze ins Englische!

1. Dieses Restaurant wurde von unserem Fremdenführer empfohlen.

   ....

2. Das Abendessen wird immer um 18 Uhr serviert.

   ....

3. Wann werden wir morgen Früh abgeholt?

   ....

4. Diese Brücke wurde vor 1800 Jahren von den Römern erbaut.

   ....

5. Das Hotel war noch nie geschlossen.

   ....

5 Setzen Sie die passende adverbiale Phrase ein!

at the back | by now | at that time | in the morning | at home | in the town centre

1. A new supermarket has opened ....
2. I usually stay .... in the evening.
3. Do you want to sit at the front or ....
4. It's 10 pm. They must have arrived ....
5. Paula gets up at 6.30 .... to go jogging.
6. .... they didn't know any more where they were.

6 Richtig oder falsch? Markieren Sie die richtigen Sätze und korrigieren Sie die falschen!

1. ❑ They didn't have some butter in the fridge. ....
2. ❑ There were few cars on the road last Sunday. ....
3. ❑ I usually don't have much money on me. ....
4. ❑ Every of the two girls bought a pair of shoes. ....
5. ❑ I don't want to eat anything, but I'd like anything to drink. ....
6. ❑ How much people do you know? ....
7. ❑ She drinks little alcohol or none at all. ....
8. ❑ Today all is going wrong. ....

7 Welche Form ist richtig? (einmal gibt es 2 Möglichkeiten)

1. If I .... 30 years old, I would have finished my university studies.

   ❑ would be ❑ were ❑ am

2. Richard hurt his leg .... basketball.

   ❑ play ❑ plays ❑ playing

3. Martha asked Bernard if he .... her.

   ❑ would marry ❑ married ❑ will marry

4. The painting .... from a British museum was sold in China.

   ❑ stole ❑ stolen ❑ was stealing

5. If I .... more time, I would start learning Russian.

   ❑ had ❑ have ❑ will have

6. .... to the police officer in charge, I left the police station.

   ❑ Having talked ❑ After talking ❑ Having talking

7. .... the front door, I noticed Susie running towards me.

   ❑ To open ❑ Opening ❑ Open

8 Welcher Buchstabe ist stumm? Unterstreichen Sie!

1. debt
2. psychology
3. sword
4. knight
5. lamb
6. asthma
7. guest
8. salmon
9. folk
10. island
11. write
12. honour

Abschlusstest

9 Setzen Sie die passenden Präpositionen ein!

1. I turned .... the TV at 11 and went straight .... bed.

2. Francis got married .... the summer .... 2011.

3. Please hand .... your paper .... Friday afternoon.

4. I don't know what's .... that box. I haven't opened it yet.

5. Mr Rawlson is an assistant .... the board .... directors.

6. She lived .... Glasgow .... only two years.

10 Setzen Sie das Substantiv in den Plural und entscheiden Sie sich für Adjektiv oder Adverb!

1. The child .... sang beautiful / beautifully.

2. There were three dwarf .... on stage telling silly / sillily jokes.

3. My job is to help deliver baby ...., and I'm very good / well at what I'm doing.

4. The two policewoman .... acted particularly careful / carefully.

5. The potato .... she cooked tasted funny / funnily.

6. Please be special / especially cautious when using these knife ....

11 Wie schreibt man folgende Wörter richtig?

1. to recieve ....

2. appearence ....

3. conscousness ....

4. responsable ....

5. neccessary ....

6. extrordinary ....

7. paralell ....

8. cieling ....

9. performence ....

10. imediately ....

11. to aquire ....

12. to proove ....

12 Lösen Sie das Kreuzworträtsel!

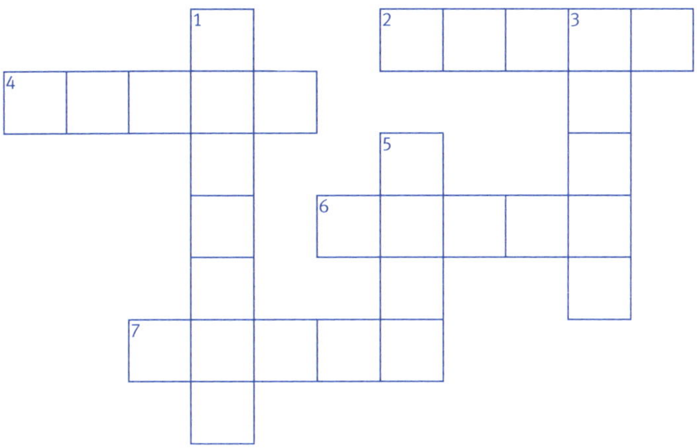

1. English for "Rente"

2. like a bull in a ... shop

3. English for "Roman"

4. to sell like hot ...

5. English for "winken"

6. to ... a hand

7. they agreed on a ... *(locker)* alliance

5.2 Lösungen

1. Wortschatz

Übung 1: **1.** prescription **2.** shade **3.** boiling **4.** sensitive **5.** review **6.** lazy

Übung 2: **1.** page **2.** projector **3.** lake **4.** bail **5.** hot **6.** meat

Übung 3: **1.** insulated **2.** department store **3.** photographer **4.** current/latest

Übung 4:

		1. F	O	L	D	E	**R**				
		2. D	I	S	C	R	**E**	E	T		
3. C	L	A	S	S	I	C	**C**	A	R		
			4. F	O	R	E	**I**	G	N		
	5. M	O	B	I	L	E	**P**	H	O	N	E
		6. D	O	N	A	T	**E**				

Übung 5: **1.** nearest **2.** economical **3.** borrow **4.** told **5.** take **6.** since

Übung 6: **1.** get **2.** bring **3.** take **4.** get/bring **5.** take

Übung 7: **1.** match/go with **2.** at least **3.** afford **4.** who **5.** pleasant

Übung 8: **1.** seasonal **2.** lose **3.** watching **4.** ride **5.** distinctive

Übung 9: **1.** camel's **2.** clam **3.** bull **4.** rat **5.** birds

Übung 10: **1.** sitting on the fence **2.** all thumbs **3.** a real pain in the neck **4.** making a mountain out of a molehill

Übung 11: **1.** e **2.** d **3.** f **4.** b **5.** c **6.** a

Übung 12: **1.** It sells like hot cakes. **2.** His bark is worse than his bite. **3.** A penny saved is a penny earned. **4.** Don't bite the hand that feeds you.

Übung 13: **1.** twenty-first **2.** thirty-third **3.** twelfth **4.** one hundred and first

Übung 14: **1.** love – forty **2.** three – two **3.** four – nil **4.** eighty-nine to eighty-two

Übung 15: **1.** three pound(s and) twenty-five (pence) **2.** minus seven point eight degrees Celsius **3.** twenty-six thousand five hundred **4.** four pence

Zwischentest Wortschatz

Übung 1: **1.** park bench **2.** at **3.** heavy **4.** wear **5.** faster **6.** prescription **7.** donated **8.** neck

Übung 2: **1.** nearest **2.** three – nil **3.** colleague **4.** head over heels **5.** envious **6.** twenty-third **7.** sensitive **8.** remind me

Übung 3: **1.** did **2.** by **3.** go with 4. borrow

Übung 4: **1.** to lead sb. up the garden path **2.** to be barking up the wrong tree **3.** to pull sb.'s leg **4.** to kick the bucket / to bite the dust

2. Grammatik

Übung 1: **1.** I **want** to kiss you. **2.** He couldn't resist **showing off** his new car. **3.** What book **are you reading** at the moment? **4.** Please remember **to buy** some wine for tonight.

Übung 2:

			1 P	U	T		
	2 S	T	R	O	K	E	D
	3 R	A	I	S	E	D	
4 F	O	U	N	D			
	5 B	E	C	A	M	E	
	6 L	I	E	D			

Übung 3: **1.** to go **2.** moving **3.** hiking **4.** to have

Lösungen

Übung 4: **1.** All the windows were cleaned yesterday. **2.** A new hospital has been built a few miles down the road. **3.** I was paid £100 by the agency. **4.** The letter will be posted tomorrow.

Übung 5: **1.** to wash/to have a wash **2.** to apply **3.** to remember, to recall **4.** to recover, to relax

Übung 6: **1.** am going to **2.** will **3.** am going to **4.** Will you **5.** will **6.** leaves

Übung 7: **1.** Is it still raining outside? **2.** It's been raining for three days. **3.** Yesterday it rained for three hours. **4.** Was it raining when you came home? **5.** When I went outside, I saw that it had been raining/had rained.

Übung 8: **1.** have lived **2.** had already gone **3.** am reading **4.** bought **5.** arrives

Übung 9: **1.** lived **2.** was sitting **3.** studied **4.** were you doing **5.** is going to rain

Übung 10: **1.** children **2.** buses **3.** houses **4.** roofs **5.** potatoes **6.** ladies **7.** lives **8.** policemen

Übung 11: **1.** quiet **2.** seriously **3.** well **4.** absolutely **5.** hard **6.** good

Übung 12: keine Pluralform: **1.** furniture **3.** sheep **4.** advice **7.** jeans **8.** information

Übung 13: **1.** surprised **2.** exhausting **3.** boring **4.** tiring **5.** interested **6.** amused

Übung 14: **1.** in the 18th century **2.** on Sunday afternoon **3.** at seven o'clock **4.** on 6 December **5.** at Christmas **6.** in May **7.** at noon/midday **8.** in three months' time

Übung 15: **1.** above **2.** beneath **3.** at the top **4.** in time **5.** at the back **6.** everything

Übung 16: **1.** He had a book in each hand. **2.** I found ten pounds under/underneath the mattress. **3.** She didn't know whether (she had) to turn right or left. **4.** I met Janet when/as I came out of the supermarket. **5.** The toilets are at the back.

Übung 17: **1.** as **2.** while **3.** when **4.** If **5.** Unless

Übung 18: **1.** She opened the parcel carefully. **2.** You must check the machine every day. **3.** I usually get home from work at 6 p.m. **4.** She's flying to New York next week.

Übung 19: **1.** had the game begun **2.** I had **3.** had he **4.** we all walked

Übung 20: **1.** He said (that) he was in his room watching TV. **2.** Mum said (that) Dad had just finished reading the paper. **3.** Ben said (that) Emma would take the Tube to the airport.

Übung 21: **1.** were/was **2.** would have **3.** would have invited **4.** had

Übung 22: **1.** Jessy is in her room listening to music. **2.** I met Mike the other day riding his bike through the park. **3.** Feeling hungry, I bought a Chinese takeaway. **4.** The man trying to rob the bank was caught on CCTV. **5.** The house destroyed by a tornado last spring has been rebuilt.

Zwischentest Grammatik

Übung 1: **1.** lived **2.** has been raining **3.** Have (you) had **4.** have been **5.** have been running **6.** bought

Übung 2: **1.** The company/firm was established in 1902. **2.** My bicycle has been stolen. **3.** The bathroom is cleaned every day. **4.** The painting was sold last week. **5.** The windows are being cleaned tomorrow morning.

Übung 3: **1.** to call **2.** meeting **3.** moving **4.** lying

Übung 4: **1.** completely/totally (Adv.) **2.** hard (Adv.) **3.** absolutely (Adv.) **4.** calm (Adj.) **5.** complete/absolute/utter (Adj.)

Übung 5: **1.** would join **2.** had known **3.** study **4.** didn't have

3. Aussprache und Rechtschreibung

Übung 1: **1.** to bathe **2.** to grieve **3.** to prove **4.** to advise **5.** to breathe **6.** to practise

Übung 2:

							1 N	E	C	2 E	S	S	A	R	Y
										M					
3 J										B					
4 E	X	T	R	A	O	R	D	I	N	A	R	Y			
W										R					
E			5 C	A	L	E	N	D	A	R					
L										A					
L				6 S	U	C	C	E	S	S	F	U	L		
E										S					
R		7 I	M	M	E	D	I	A	T	E	L	Y			
Y										D					

Übung 3: **1.** predictable **2.** responsible **3.** believe, deceived **4.** available **5.** implausible

Übung 4: **1.** Last **M**onday **I** bought *The Guardian* at a news stand. **2.** He said that he didn't like **C**helsea; he was an **A**rsenal fan. **3.** On the night of **O**ctober 19, a plane crashed in the **C**anadian mountains. **4.** **H**emingway wrote *The Old Man and the Sea* at the age of 52. **5.** **P**resident **J**ackson has left on a trip to **S**outh **A**merica.

Übung 5: Betonung auf der 1. Silbe: **1, 4, 5, 7**; auf der 2. Silbe: **2, 3, 6**

Übung 6: **Nicht gleichlautend: 2.** where [weə] ≠ were [wɜː] **4.** house [haʊs] ≠ to house [haʊz] **8.** use [juːs] ≠ to use [juːz]

Übung 7: **1.** colum**n** **2.** **k**not **3.** num**b** **4.** rei**g**n **5.** s**c**ience **6.** **h**eir **7.** whis**t**le **8.** g**u**est

Übung 8: **1.** although **2.** through **3.** bough, drought **4.** bought, caught, daughter, taught, thought **5.** draught, to laugh **6.** enough, tough

Übung 9: **stimmhaft:** father, there; **stimmlos:** maths, everything

Übung 10: **1.** After all that had happened, we were not really interested in what he told us. **2.** Jenny, who has three children, has a part-time job in a supermarket. **3.** My father, however, thinks that my decision was wrong. **4.** You do speak Spanish, right? **5.** – **6.** –

Übung 11: **1.** I was on my way home when I saw the burglar. **2.** Unfortunately, I forgot to buy (some) bread. **3.** My brother went to a party, but I stayed at home. **4.** Robert told me yesterday that he wasn't feeling well. **5.** You were born in Australia, weren't you? **6.** If my parents had moved to the US, I would be living there now.

Zwischentest Aussprache und Rechtschreibung

Übung 1: **1.** necessary **2.** marmalade **3.** assistant **4.** to receive **5.** Wednesday **6.** successful **7.** ceiling **8.** calendar

Übung 2: **stimmlos** [θ]: death, thirty, thunder, to think, anything
stimmhaft [ð]: there, father, them, their, to breathe

Übung 3: Alle w-Laute der gelisteten Wörter sind stumm.

Übung 4: **Ja**: Tages- und Monatsnamen, Religionen, Ländernamen in Adjektivform, Namen vom Flüssen und Bergen
Nein: Substantive, Jahreszeiten

Übung 5: **1.** If my boss rings, tell her I'm not at home. **2.** – **3.** She's gone to the store to buy potatoes, carrots(,) and some milk. **4.** My friend Jackie, who got married in May, has moved to Dublin with her husband. **5.** Our neighbours won £125,000 in the lottery last year. **6.** – **7.** Unfortunately, we didn't win the race. **8.** –

4. Britisch oder Amerikanisch?

Übung 1: **1.** truck **2.** French fries **3.** movie theater **4.** pants **5.** hood **6.** eraser **7.** gas **8.** zip code

Übung 2: **1.** honour **2.** analyse **3.** travelling **4.** licence **5.** pyjamas **6.** grey **7.** dialogue **8.** plough

Übung 3: **Britisch**: driving licence, postbox
Amerikanisch: soccer, neighborhood, jewelry, tire

5. Abschlusstest

Übung 1: **1.** schwören, fluchen **2.** Schlauch **3.** Foto(grafie) **4.** Geschenk **5.** tapfer **6.** Quittung, Beleg **7.** Mord **8.** schwanger **9.** Hütte **10.** Küchenchef(in), Koch **11.** Kuppelgewölbe **12.** vernünftig

Übung 2: **1.** Have you seen **2.** did you go **3.** are you going **4.** Did you have **5.** was he wearing

Übung 3: **1.** who **2.** which **3.** which **4.** that **5.** – **6.** which

Übung 4: **1.** This restaurant was recommended by our tour guide. **2.** Dinner is always served at 6 pm. **3.** When will we be picked up tomorrow morning? **4.** This bridge was built 1800 years ago by the Romans. **5.** The hotel has never been closed.

Übung 5: **1.** in the town centre **2.** at home **3.** at the back **4.** by now **5.** in the morning **6.** At that time

Übung 6: **1.** ~~some~~ → any **2.** richtig **3.** richtig **4.** ~~Every~~ → Each **5.** ~~anything to drink~~ → something to drink **6.** ~~much~~ → many **7.** richtig **8.** ~~all~~ → everything

Übung 7: **1.** were **2.** playing **3.** would marry **4.** stolen **5.** had **6.** Having talked/After talking **7.** Opening

Übung 8: **1.** de**b**t **2.** **p**sychology **3.** s**w**ord **4.** **k**night **5.** lam**b** **6.** as**th**ma **7.** g**u**est **8.** sa**l**mon **9.** fo**l**k **10.** i**s**land **11.** **w**rite **12.** **h**onour

Übung 9: **1.** off, to **2.** in, of **3.** in, by/on **4.** inside **5.** to, of **6.** in, for

Übung 10: **1.** children, beautifully **2.** dwarfs/dwarves, silly **3.** babies, good **4.** policewomen, careful **5.** potatoes, funny **6.** especially, knives

Übung 11: **1.** to rec**ei**ve **2.** appear**a**nce **3.** consc**i**ousness **4.** respons**i**ble **5.** ne**c**essary **6.** extr**a**ordinary **7.** para**ll**el **8.** c**ei**ling **9.** perform**a**nce **10.** im**m**ediately **11.** to a**c**quire **12.** to pr**o**ve

Übung 12:

			1 P			2 C	H	I	3 N	A
4 C	A	K	E	S					O	
			N			5 W			V	
			S		6 R	A	I	S	E	
			I			V			L	
		7 L	O	O	S	E				
			N							

5.3 Register

N

O

P

R

S

T

U

V

W

Z

Großbritannien entdecken

Kochen: ISBN 978-3-8174-9218-3
Backen: ISBN 978-3-8174-9980-9

Mit Genuss Englisch lernen

Landestypische Köstlichkeiten zubereiten und dabei mühelos die Sprachkenntnisse erweitern

Je 20 leckere Rezepte verbunden mit abwechslungsreichen Übungen und Vokabelhilfen

Erhältlich für Kochen und Backen

So delicious!

ISBN 978-3-8174-9666-2

Landeskunde Großbritannien

20 Kapitel in der Landessprache vermitteln Wissenswertes zu Geografie, Geschichte, Kunst und Kultur Großbritanniens

Mit zahlreichen Übungen zu Wortschatz und Grammatik die Sprachkenntnisse vertiefen

Für Anfänger und Fortgeschrittene

QR-Code scannen und landestypische Rezepte auf dem Smartphone speichern